音速成功

夢はチームで叶えろ

Supersonic Success Project Team

音速成功プロジェクトチーム

㈱イン・フロンティア代表取締役　浜田幸一
東北放送アナウンサー　三橋泰介
㈲マグ広告ドットコム代表取締役　丸山純孝
瑞鷹株式会社 営業本部長　吉村謙太郎
㈱グローバルワークス代表取締役　本多弘樹
㈱オアシスグループ代表取締役　久永陽介

Eveil
エベイユ

〈まえがきにかえて〉
百年に一度の大不況だからこそ音速で成功するチャンス

浜田幸一

時代は〝超・飛び級〟の時代へ

今、世界が、揺れています。

アメリカ金融界のリーマンブラザーズの破綻による世界同時不況が、世界を不安に陥れています。

日本も、その例外ではありません。今までの価値尺度が、ドンドン崩れています。年功序列、終身雇用制などは、過去の遺物になろうとしています。

一昔前までは、いい学歴、一流企業への就職は、明るい未来へのパスポートでした。その神話が、ガタガタと音を立てて崩れ落ちています。

反面、力がある人間は、年齢、学歴、キャリアに関係なく、一気に短期間で上昇気流に乗って自分の夢を実現して行きます。

簡単な問題を出します。

「1から100まで足すと、答えはいくつでしょうか?」

ちょっと、考えてみてください。


正解は5050です。

普通の人は、なかなか正解が出せません。出てもかなりの時間が掛かります。

ところが、わずか十秒ほどで、簡単に答えが出る方法があるのです。それが有名な天才学者ガウスが考えた〝ガウスの定理〟です。

ガウスが、考えた方法は……

1と100を足すと、101。2と99を足すと、101。3と98を足すと101。

これを繰り返します。

つまり、101×50＝5050です。

この考え方（発想）を、持っている人は、飛び級出来ます。


今、柔道界には、〝柔道〟と〝Ｊｕｄｏ〟の二つの流れがあるそうです。日本で生まれた柔道ですが、今、日本の競技人口はどんどん減っているそうです。それに比べ、フランスの競技人口は日本の三倍で、国際ルールもドンドン変わって行きます。日本人に不利なルールが導入されているという声も一部にはあります。

そんな中、昨年の北京オリンピック柔道無差別級のゴールドメダリスト、石井彗選手は、キッパリこう言い切りました。

「柔道の流れもドンドン変わっていきます。勝ち方のスタイルも変化しています。一本取って勝つ柔道もあります。判定で勝つ柔道もあります。僕の柔道は、何が何でも勝つ柔道です。ですから勝ち方にはこだわりません。決勝の柔道が、僕の柔道です！」

さらに、彼はこう続けます。

「時代は、変わっていきます。柔道のスタイルも変わっていきます。大切なことは、時代の流れに順応することです。順応出来る人間だけが残ります」

よく人間は〝人柄〟だと言われます。確かに、それも一理あります。ただしこれだけでは、流れの速い今の世の中を生きていくのは困難です。〝時代の変化に素早く対応出来る人間〟が、世の中に求められています。

その人間こそが〝超・飛び級〟出来るのです！

珠玉の出会いこそ人生のすべて

厳しい時代の中に、いいニュースもあります。

世界を巻き込んだアメリカの新大統領オバマ氏の出現です。全世界を巻き込んだオバマフィーバーは、留まる気配がありません。〝ｃｈａｎｇｅ〟、〝ｗｅ〟は、流行語にもなりました。

〝ｗｅ〟は、複数形です。

人生の最大の楽しみは〝人との出会い〟です。人間は〝オギャー〟と生まれ、たくさんの出会いを重ね、成長します。

〝I〟が、出会いと共に〝we〟に変わっていきます

私にも人生五十年間で、色々な出会いがありました。そんな中、最近私には、素晴らしい〝珠玉の出会い〟が、ありました。今の私にとって、一番の〝宝物〟です。

夢と理想に燃える五人の若武者たち

五人の若者との〝出会い〟は、あまりにも突然でした。

二〇〇八年の後半に私自身、気持ちが動いているのを感じました。〝新しい風〟を、身体で感じたのです。

「お前が、本当にやりたいことをやれ！　今が、その時期だ！」

誰かが、耳元でささやくのです。回りを見渡しても、誰もいません。

「一人では、何も出来ない……」

私は、正直に答えました。

すると、

「心配するな！　お前には素晴らしい〝若い仲間〟がいる！」

そう自信を持って、誰かが、ささやくのです。

「若い仲間がいる？」

心当たりが、全くありません……

その直後から、本当に素晴らしい若者たちと〝出会う〟ことになります。

「いいことは、信じよう！」

人生とは、不思議なものです。

その若者五人衆とは……

❖フライングしても絶対に勝てない！　音速の旗手　三橋泰介さん

三橋さんとは、あるパーティで、同じ空間にいました。しかし実は、その会場では会っていないのです。ただ、ちょっとユニークな名刺交換会があり、本人の名刺だけは手元にありました。

現職は、東北放送のアナウンサーです。

私は、なんとなく気になりました。そして、彼の名刺の住所に私が書いたスピーチの本を送りました。返事は来ませんでした。

「やっぱり、面識もないから無理だったかな……」と思っていた矢先、本人から丁寧な礼状と、サイン入りの著書が送られてきました。

遅れた理由が、パーティでお会いした人に一人ひとりお礼状を書いていたとのこと。今時、珍しいほど律儀《りちぎ》な若者です。

それに反して、スピードは半端ではありません。

この本を書く時に、役割を決めました。

「今晩、私の担当の原稿を書きます！」

次の朝、本当に原稿用紙二十枚分が、メールでドーンと添付されてきました！

まさに、音速のスピードとは、彼のためにある言葉です！

❖〝音速プロジェクト〟の最強コントロールタワー 丸山純孝さん

丸山さんとも、三橋さんと同じパーティで会いました。

パーティの中で一分間の自己紹介のコーナーがありました。私は偶然後ろの席にいる彼と、パートナーを組みました。出版関係者が多く参加されていて、丸山さんもその著者の中の一人でした。しかし、名刺の交換をすることもなく、二次会に流れました。

すると、また私の前に丸山さんがいました。せっかくのご縁なので、私の書いたスピーチの本を、差し上げました。

あまり、会話をすることもなくお別れしたのですが、五日ほど経った時、突然、丸山さんからメールが来ました。私の一分間の自然体のプレゼンテーションが印象に残った、ということが書かれていました。

すぐに私もお礼のメールの返信をしました。

あとで話を聞いてみると、私が苦手とするネット上のビジネスモデルを得意とするプロ中のプロでした。丸山さんには〝優秀〟という言葉がピッタリです。人柄も素晴らしいものがあります。

口数は少ないのですが、物事の本質を的確に捉えた会話術は、論理思考が苦手な私には大変勉強になります。私たち〝音速チーム〟の最強のコントロールタワーです。

❖お酒をこよなく愛する〝粋〟なジェントルマン 吉村謙太郎さん

吉村さんとは、去年の十二月の熊本の県人会の忘年会でお会いしました。二十人くらいの忘年会だったのですが、私の目の前の席でした。

私の仕事の話をすると、

「私は、人前で話すのがとても苦手です。何かいい本があったら紹介してください！」

と興味を示してくれました。

たまたま、私は自分のスピーチの本を持っていましたので、記念にあげようとしましたら、「いや、買います！」と即答でした。

完璧なオーナー感覚です。話を聞いてみると、熊本で百四十年以上続いている老舗蔵元の五代目でした。

風貌《ふうぼう》は、古武士のような威風堂々《いふうどうどう》とした感じです。話し方は朴訥《ぼくとつ》なのですが、味があります。お酒を、実に美味しそうに飲みます。さすが、酒飲みのプロ?です。つられて私たちも、華やかな気分になります。もちろん、お酒の薀蓄《うんちく》は五人のメンバーの中で、ナンバーワンです。

日本地酒若手の会「酒林組《しゅりんぐみ》」会長で、人望もあります。

また、国内だけではなく、海外でもお酒のビジネスを展開する国際派です。

❖〝縁〟結びの達人 本多弘樹さん

フレーズは短いのですが、これ以上の言葉が見当たりません。

五人のメンバーの中で最年少です。

〝人と会うのが大好き人間！〟

と本人が言うのですから、間違いがありません。

本多さんとは、新宿のあるパーティで初めて会い、名刺の交換をしてお別れしました。

私の仕事に興味があるとのことでした。

後日、彼から電話が掛かってきました。

「弘樹さんは、何をやりたいの？」

私は聞きました。

「ご縁を大切に、〝日本一の出会いの場〟を創りたい！」

それが、答えでした。

少年のような瞳がキラキラと輝いています。

一緒に食事に行くと、なんと〝マイ箸〟が出てきました。

茶目っ気があり、ユーモアセンスも抜群です。美味しそうにお酒を飲み、美味しそうに食べます。

〝集客〟で、みんな悩んでいますが、彼の集客力はものすごく、一回の勉強会で五十人～百人集めます。そこで、新たな出会いやビジネスが生まれていくのです。

〝縁結び〟の若き達人。本多さんの今後の飛躍が楽しみです！

❖太陽のように明るい〝音速の申し子〟久永陽介さん

とにかく明るく前向きな人です。

人は、彼のことをサニーさんと呼びます。

屈託のない笑顔。誰にでも好かれる人柄。若いのですが、その実績は半端なものでは、ありません。なんと、彼はオリンピック体操競技の公式トレーナー（選手の身体をケアする）なのです。そして、起業、経営、現場……すべてをこなす若きスーパースターです。

出会いは、三橋さん、丸山さんと同じパーティでした。

会場で彼のスピーチを聴いたのですが、ものすごいエネルギーを感じました。

どんな寒い日でもコートは着ません。肩の力が、完全に抜けていて、すべてに余裕が感じられます。

〝笑顔〟の中に宿る〝ガッツ〟（熱い心）。久永さんの魅力です！

以上のような経緯で、私は五人の若者と出会いました。

それも、ほぼ同じ時期にです！　私自身、信じられません！

彼らの共通点は、以下の通りです

①人柄がいい

②自立している
③キャラクター（持ち味）が、全員違う
④素直さがある
⑤常にチャレンジ精神がある

さて、個性的なメンバーが集まりました。
本編では、彼らの考え、アイディアをご賞味ください。

目次

音速成功

~夢はチームで叶えろ~

〈まえがきにかえて〉
百年に一度の大不況だからこそ音速で成功するチャンス　浜田幸一
時代は〝超・飛び級〟の時代へ●1　／珠玉の出会いこそ人生のすべて●4
夢と理想に燃える五人の若武者たち●5
第一章　〝意識〟と〝きっかけ〟で人生を百八十度変える！　三橋泰介
百貨店マンがアナウンサーに転職!?●23
私が全国一位のアナウンサーになれた理由●30　／空いている席を探す●36
第二章　一馬力を多馬力にシフトする　久永陽介
一馬力の限界を知る●43　／一馬力から多馬力へシフトする理由とは？●45
多馬力にシフトするために大切な三つのこと●50
多馬力の最大のメリットとは？●53
多馬力で時流に乗る●56　／多馬力を最大限活かし成功へ導くためのカギ●59

第三章　異業種チームで自己を変える　本多弘樹
「夢を持つ」って素晴らしい　63／異業種チームのコラボが未来を変える　67
コラボで自分の「類」を破る　69／なぜ圧倒的な成長をするのか？　72
他人の力を自分の力にする　74／まずはやってみよう　76

第四章　何事も最初は与えることから始まる　丸山純孝
本当に「与える」ばかりでうまくいくのですか？　79
私には「何もない」と思っていませんか？　83
楽しく貢献したいと思いませんか？　87／成功したから人が集まるのか？　92

第五章　信念を持った物づくりが人をつなげる　吉村謙太郎
出会い　99／家業に反発!!　100
異業種での修業時代　103
信念を持った物づくりは、素晴らしい異文化とつながる　108
「粋で在りたい」ということ　111

第六章　音速成功のキー「才能の棚卸し」　本多弘樹
才能がないなんて思っていませんか？●117
音速で成功する才能の棚卸し●119　／チームへの貢献と音速成功●120
あなたには価値がある●121　／才能の種を見つけ作り出す方法●123

第七章　成功するまで集中する　久永陽介
やりたいことを実現するにはどうすればいいのか？●133
集中することの意味とは●136　／大変なのは、本当にチャンスなのか？●138
大変さを乗り越えるために●141　／成功するまで行動するための秘訣●143
楽しく無理なく継続出来るコツ●148

第八章　チームプロデューサーズ軍団を作る　丸山純孝
出来ないということを知る●155　／チームの作り方はどっちが正しい？●158
最初にこれだけは決めておこう●163
「1＋1＝10」にするためにはこうやって分担する●166

第九章　仕事や事業を音速で飛び級する　三橋泰介
出版すると人脈が一〇〇〇倍になる●171／サラリーマンが出版する方法●175
第十章　チームで可能性を広げよう！（座談会）
チームはどうやって作られるのか●185／異業種と組むということ●189
このチームでできること●192／異業種チームが固定概念を打ち破る●194
年齢を超えた可能性●199／一歩を踏み出して行動していく●201
出版して変わったこと●203／すぐに形にしていく●206
本は百倍のインパクト●210／チームで広がる可能性●213
〈あとがきにかえて〉
音速プロジェクトチーム（ソニック6）のこれから　浜田幸一
Ⅰ　なぜメンバーは六人なのか？●219
Ⅱ　どのようなことが、可能になるのか？●227
Ⅲ　どんな可能性があるか？●228

第一章　意識と、きっかけで人生を百八十度変える！

三橋泰介

百貨店マンがアナウンサーに転職!?

皆さん、はじめまして。現在、宮城県仙台市にあるＴＢＳ系列のテレビ局「東北放送」でアナウンサーをしています、三橋泰介と申します。私は、いわゆる「局アナ」です。普段は楽天イーグルスの野球中継や朝のワイド番組のＭＣなどを担当しています。

私は、普通の「局アナ」とはちょっと経歴が異なります。一般的にアナウンサーになる人というのは、大学時代は放送部に所属し、アナウンス専門学校にダブルスクールとして通いながら訓練を積んだ末に就職試験を受けて、アナウンサー職として採用されます。しかし、私は大学時代はまったくアナウンスの勉強もせず、就職活動中もアナウンサー試験は受けていません。大学卒業後、入社したのは百貨店の「三越」だったのです。

ではなぜ、私が現在アナウンサーをしているのか？　そのあたりの行動を振り返ると、この本のテーマ「音速で成功する」ということとつながってくるのです。

百貨店に入社した私の最初の担当は婦人靴売り場。もともと「忙しい職場に行きたい！」と思っていましたので、「婦人雑貨」担当は希望通りでした。（決して他の売り場が暇というわけではなく、お客さんの回転率が高い、という意味です）。毎日接客をして、本当に楽しい日々でした。そんな中、百貨店にとって大変重要な時期を迎えました。それは「お歳暮商戦」です。

流通業界の中で百貨店が苦しいと言われ続け、三越と伊勢丹が経営統合するなど私が勤めていた当時には考えられなかったような業界再編の動きも進んでいます。コンビニや百円ショップ、ドラッグストアなど便利なお店が増えたのもその要因でしょう。

しかし、苦しい状況とは言え、「お中元」「お歳暮」に関しては、やはり贈り物ですから「包装紙」の持つ強さ、ブランド力が大きくものを言います。また、百貨店の売り上げの中で大きな比率を占めているのが「お中元」「お歳暮」ですから、その時期は大変忙しくなります。当然、三越でも力を入れて商戦を迎えます。

私の勤めていた頃の三越百貨店では、「お歳暮」の時期を迎えるおよそ一ヶ月前、社内では「決起集会」が開かれていました。全社員が屋上に集まり「エイ！　エイ！　オー！」と気勢を上げて商戦を戦う気分を盛り上げます。大イベントですし、全社員が集まる、ということで様々なイベントが行なわれます。決して堅苦しくない雰囲気の中で行なわれるこの「決起集会」では、若手が「出し物」をするのです。

コントあり漫才あり歌あり踊りあり。おそらくこれを企画した店長も、忙しくなる前の息抜きと、若手社員を全社員にお披露目という意味もこめてこういったイベントを考えたんでしょう。新入社員だった私は、当然そのイベントに借り出され「何かやってくれ」と上司から指示を受けました。


そこで私が選んだのは「ものまね」でした。

当時、三越の店内放送は「男性ＤＪ」が行なっておりました。かなり珍しい取り組みで、新聞にも取り上げられるなど話題を呼んでいました。そこで私は、「店内放送の男性ＤＪのモノマネ」をしようと思ったのです。

いざイベント本番。ＤＪ風ということで、ダボダボのシャツを着て、巨大な金属のネックレスをして、サングラスにニット帽。今思えば、それは「音楽をかけてクラブなどで見かけるＤＪ」だったんですが、その当時はそんな細かいことは考えず、「ＤＪ三橋」が店内放送のモノマネをやってみせました。

「今日は僕のために、こんなに集まってくれてありがとう!! 店長、僕を使ってくれてありがとね！ イエーイ！」

こうやって文章に書くとかなりサムいですが(笑)、現場はかなりの盛り上がりを見せました。すると私は「気持ちいい……この感覚！」と思ってしまったんです。

まだ入社して半年を過ぎたあたり。しかし気持ちは止められませんでした。私は「喋りの仕事をしたい！」と思ったのです。そこで「悩まない」のが、今思えば私の「音速成功」の秘訣でした。

次の日、マスコミ業界に何のコネクションも無かった私は、就職情報誌をコンビニで購入。「イベント・マスコミ好き集まれ！」というページをじっくりと眺めました。すると「イベント司会者登録しませんか?」という会社を五社見つけました。そして私が取った行動は「その場で電話」でした。五社すべてに電話し「イベント司会をやりたいのですが」と伝え、すべての会社にアポイントメントを取ったのです。

それと同時に「素人につとまる仕事ではない」ということも想像出来ましたので、東京にあった三つのアナウンス学校に電話し、申し込み書を取り寄せ、すぐに「両方に申し込み」をしました。つまり私は事務所の面接と、アナウンス学校の手配を同時に行なっていたのです。さらに、運よく小さな仕事をすぐにもらえる幸運にも恵まれ、私は「事務所への登録」「アナウンスの学校への通学」「仕事」を同時期に、一気に実現することができました。そして、三ヶ月後に退社したのです。

「音速成功」のためには、「即行動」することと同時に「平行してやれることは一気に同時に体験してしまう」ということが大切です。おそらく大多数の人は、

①「アナウンス学校に行ってスキルをつける」
↓
②「スキルを生かして事務所探しや会社探しをする」
↓
③「仕事のためのオーディションを受け、お金を稼ぐ」

という流れを、一つ一つクリアしていくのではないかと思います。一見確実に夢に向かっているように見えますが、やはり時間がかかります。最終的な「喋りの仕事でお金を稼ぐ」ためにはどうすればよいのか？　実際オーディションはどういうものなのかを「知りながら」学校に通う方が、学びにも真剣味が増すと思いませんか？

そこを私の場合は、

＊アナウンス学校に行く。

＊事務所を探す。

＊オーディションを受けお金を稼ぐ。

この三つを一気にスタートさせ、三ヶ月後には、それで食べていけるようになりました。

例えば、もしあなたがヨガのインストラクターを目指すのであれば、「ヨガの学校に通い」ながら「ヨガの先生のアシスタントの仕事を手伝い」ながら「小さなヨガ教室を開く」ということを一気にやってしまうべきなのです。

誰でも初心者の時代はあります。喋りにしろヨガにしろ、奥の深い世界ですから「ここまでやれば確実に稼げる！」という基準はありません。ですからオン・ザ・ジョブ・トレーニングの要領で、〝学び〟ながら〝実践〟しながら〝稼ぐ〟ことを同時にやるべきなのです。時間短縮効果も高い上に、学習効果も上がり、さらに「やる気あるね！」と評価されることも多いのです。

加えて時間短縮をする必要がありました。アナウンサー受験にしろ、事務所に登録するにしろ年齢制限があったのです。ですから一気に技術を身につける必要があり、しかも同時に行なわなければならなかったのです。

もちろん、通常の三倍の練習量が必要です。寝ても覚めても喋りのことを考えるべきです。プロとしてお金をいただくわけですから、生半可な気持ちで行動していては決して成功出来ません。

それから三つのアナウンス学校に行く、というように「投資」をすることも大切だと思います。時間とお金を一気に投資する。これは「音速成功」には必要不可欠です。自己流ではなく専門家に習うことが、間違いなく一番の早道です。そして、お金を払うと覚悟も生まれます。「これだけ払ったのだから、やらねば！」と気合いが入ります。

私が時々行なう健康法にファスティングというものがあります。プチ断食とも呼ばれていて、三日間を特性のジュースのみで過ごすというものです。特性ジュースは自作しても良いのですが、私はいつも専用のものを飲みます。三日分で一万八千円！　瓶詰めされた特性ジュース三本でこの値段です。一日一本飲みますので、一日あたり六千円になります。決して安くはありませんが、これが「買ったからにはやりきるぞ！」という背水の陣になるわけです。デトックス効果も高く、アントニオ猪木さんや格闘家の小川直也さんらもこのジュースでファスティングをしているそうです。

私がデパートマンからアナウンサーになったポイントは、「即行動」「同時進行」「投資」この三つのキーワードに集約されます。夢に近づくために、ぜひ参考にしてみてください。

私が全国一位のアナウンサーになれた理由

三越を辞め、私は一年間フリーランスのアナウンサーをしておりました。

しかしある時、事務所の社長が「局アナになったら?」とアドバイスしてくれました。

事務所を辞めて局に所属したらどうかと言うのです。「局アナになれば世界が広がるよ。あなたの年齢ならまだ受けられる局があるはずだから探してみなさい」と。

そんなもんかなぁと半信半疑でしたが、「即行動」を心に誓っていたので、アナウンス専門学校に行き求人欄を見てみると……「岩手朝日テレビ　アナウンサー職募集」とあるではないですか！　しかも締め切りが明日に迫っている!!　なんという偶然。しかもこの掲示は明日には剥《は》がされる運命だったわけで、ここでも「即行動」が生きてきたのです。もし、社長のアドバイスから三日間悩んでいたら、その募集告知はもう無かったのです。

締め切りが明日に迫っていましたから、その日のうちに履歴書を書き送付。書類審査、そして岩手県盛岡市でのカメラテスト等を経て、運よく内定をいただきました。振り返ってみれば、フリーランスとして実際にお仕事をさせていただいていたので、度胸と舞台経験があったのが新卒者との差別化につながったのかなと感じています。

岩手朝日テレビ時代は、高校野球の魅力に取り付かれた五年間でした。高校野球は本当に面白いです。三年間という限られた期間の中で「甲子園」という夢舞台を目指し必死に練習する。しかも夢舞台を踏めるのは県内で一握りの高校だけ。特に岩手県は県の面積が広く、高校も当時七十校以上ある激戦区。夏の県大会は一回戦から大変な盛り上がりを見せます。

そんな高校野球で実況を担当させていただく幸運に恵まれました。実況は、やればやるほど奥の深い世界。ただボールの行方を追うだけではなくて、その間に球場の様子、選手のデータ、解説者とのやりとり、あらゆることを臨機応変に考えながら放送に臨まなくてはいけません。雷雨で試合が四十分中断するということもあり、それを「つながないと」いけないというプレッシャーで、冷や汗タラタラの放送もありました。「雨が降っていま す……（沈黙）」しか言えない恥ずかしい経験もしました。

しかし、やればやるほど面白さを感じてきた私は、「これが私の生きる道だ！」と思いました。練習が練習に感じないのです。休日を潰《つぶ》して高校の練習にお邪魔したり、練習試合に一人で行ったり。「休みなのに……」と思われるかもしれませんが、まったく苦になりませんでした。

だからこそ、自分の中での思いと、客観的な見方と両方で総合的に判断して、「これが私の生きる道」と思ったのだと思います。皆さんも自分のブランドを探す方法の一つとして、「休みの日を潰してまでやりたいことは何か？」と自分に質問をぶつけてみてはいかがですか？　あなたが休みの日を潰してまでやりたいことは何ですか？

そしてさらに訓練を積む中で、「テレビ朝日がアナウンスコンテストを開催する」という通達が社内に入ってきました。当時は、ＴＢＳ系列やフジテレビ系列、日本テレビ系列は全国の局アナウンサー対象にしたアナウンスコンテストを行なっていましたが、テレビ朝日系列のみ行なっていませんでした。

しかし私が入社して三年目の秋に、「第一回のコンテストを開催することが決まりました。部門は三つに分かれていました。「ナレーション部門」「リポート部門」「スポーツ実況部門」です。私がエントリーしたのは、もちろん「スポーツ実況部門」。高校野球実況、今でも忘れません。岩手代表の一関学院対鹿児島代表の樟南高校の試合を、甲子園で実況させていただいたＶＴＲを提出しました。

結果は……なんと、全国一位！　本当に驚きました。受賞後、エントリーした全国のアナウンサーの名前を見たら、野球実況で有名な先輩方がずらっと並んでいました。ですから、実力というよりは「地方局の若手アナウンサーの励みになるように選んでいただいたのだ」と思い、テレビ朝日の授賞式でもそのような挨拶をした覚えがあります。

ただ、練習を常に続けていたのは事実です。ここでの「音速成功法則」があるとしたら、それは、〝常に全国を見ていた〟ことでしょうか。コンテストが開催されるかどうか全然知らない頃から、「東京キー局のアナウンサーに負けないような実況アナウンサーになるんだ」という思いで練習をしていました。つまり「岩手県で」でもなく「東北で」でもなく「全国で」と考えていたのです。もちろん局内の先輩アナウンサーのご指導もいただきながら、その一方で帰宅すると東京キー局で有名な実況アナウンサーのビデオを見て、紙に書きおこし、マネをしていたのです。

さらに法則の一つとして、〝独自の練習法を見つけ出す〟ことも大切なポイントだと思います。ＶＴＲを取り寄せてマネをする、という練習はアナウンサーならば必ずと言って良いほど行なう練習です。私はそれに加えて「テレビゲームで野球ゲームを、コンピューター同士で対戦させ、そのゲームを見ながら実況する」という練習法を編み出しました。VTRでは結果がわかっているので、どうしても「生放送」の緊張感が生まれません。かと言って、毎週毎週、練習試合を見に行けるわけではありません。目の前で、生放送のように野球を見るには？と考えた結果が「ゲーム」でした。

自分で練習法を考えると、継続します。自信を持てるので、ずっと続けて練習が出来るのです。人から言われるよりも自発的に行動する方が効果が高いのは当然ですよね？ それを自作の練習法によって確立したわけです。

この「テレビゲーム法」のおかげで毎日一試合、自宅で実況の練習が出来ました。当時の私は、「こんな練習をしているアナウンサーは、全国でも他にはいないだろうな」とニヤニヤしていました(笑)。でも、これが差別化につながり、全国レベルに追いつく方法論なのではないかと感じます。全国を意識する。そして独自の練習法を編み出す。これは皆さんのビジネスでも使える法則ではないかと思います。

空いている席を探す

私が三越百貨店からフリーアナウンサー、岩手朝日テレビ、東北放送と三度の転職の経験から得た教訓があります。それは「空いている席を探す」というものです。つまり、他者と重複しない仕事の役割を探すのです。どうして空いている席を探すのか？

それは仕事を確保するためです。

「三橋じゃなきゃダメだ」という仕事を確保すればするほど、その会社内での地位が確立されていきます。まず戦略的に社内で「オンリーワン」になるかどうかで、必要とされる人材になれるかどうかが決まるのです。仕事の数は有限です。社会で生きていく以上、きっちりと責任ある仕事を掴むのは重要なことです。

もちろん、実力が飛び抜けている人は、空いている席を探す必要はありません。社内に同じような技術を持つ人間がいても、そこを圧倒してしまえば存在感を示せます。

ただ、転職したばかりの頃に、一気に圧倒的な能力の差を見せつけるのはなかなか難しいものです。てっとり早いのは、やはり「他者がやっていない、持っていない能力」を見せること。そして、空いている席に座ることです。

電化製品のメーカーの営業に転職した。

←

部内を見回すと英語を喋れる人間がいなかった。

←

では得意の英語を武器にしよう。

というように、社内を冷静に見て、分析することです。

＊この部署の人間はどんな特徴を持っているのか？
＊それぞれどんな仕事上の得意分野があるのか？
＊逆に苦手な分野があるのか？
＊まだ誰も担当していない案件は何なのか？

それを調査・分析するのです。私は、転職をするたびにこれを行ないました。東北放送に転職した際は、一年かけて「分析」を繰り返したのです。「空いている席はどこなんだ?」と。

超人気お笑い芸人で私も尊敬する島田紳介さんは、この分析をとことん行なうことで知られています。まだ紳介さんが「紳介・竜介」という漫才コンビで活動を始めたばかりの頃、紳介さんは、壁にチャートグラフを作って貼ったそうです。「この先輩芸人はこういう笑いが得意だけど、フリートークは苦手。この芸人さんは一発ギャグは面白いけど、漫才はイマイチ」というふうに、同じ舞台に立つライバルたちを徹底的に分析し、空いている席を探したそうです。

これは私のアナウンサー業界では、トークやキャラクターを分析するということになります。

＊声質の高低はどうか?

＊見た目のキャラクターはどうか?

＊声のスピードの速さはどうか？
＊喋る内容はどうか？（ユニーク系？　マジメ系？）

アナウンサーとして転職を重ねるたびに、これらの点を軸に「空いている席はどこか？」を常に考えてきました。

そのためにはまず、自分がどんなアナウンサーであるのか、ということを認識しなくてはいけません。自己ブランドの発見です。「自分の得意分野」と「空いている席」が一致すればベストです。

私の場合、客観的にアナウンサーとしての自分を分析すると、「低音」「速い」「情報系の喋り」という特徴がありました。東北放送に転職した時、この席は空いていたのです。声の低い男性アナウンサーが中堅ではいませんでした。

もしほかの局に転職していたら声の低いアナウンサーがいたかもしれません。それならば「他の特徴」を全面に押し出せばいいのです。そういった分析や「空いている席に座る」ことを繰り返していくと、自然と自分のブランドが確立されていくはずです。

＊ライバルと、かぶらない能力を探す。

これは転職をする、しないにかかわらず、大きな戦略だと思っています。音速成功のためにも「自己ブランドの確立」と「社内・業界を分析し、空いている席を探す」ことは大事なことです。

第二章　一馬力を多馬力にシフトする

久永陽介

一馬力の限界を知る

〝マッサージ〟と聞いて何を連想しますか?

リゾート・温泉・スポーツ・筋肉・旅館・ホテル・トレーナー……など、いろんなことが思い浮かぶと思いますが、私が今まで本職としてきたマッサージとは、「お客様一人ひとりへの心のこもったサービスで、しかもお客様が心から感謝してくれる最高のギフトだ」と思っています。

私は高校二年生の時に、寝たきりの伯母を、元々医者であった東洋医学の先生に助けられるという衝撃的な体験をきっかけに、東洋医学の業界で活動することを心に強く決めて地元の鹿児島から上京し、六年間新聞配達をしながら学費を蓄えて五つの医療系の学校を卒業しました。

マッサージは、一人のお客様に一人のマッサージ師が施《ほどこ》すギフトです。このことを客観的に捉えると、まさに一馬力で行なう仕事なのです。一人のマッサージ師が一日、百人も二百人も施術することは物理的に不可能です。

多くの方々に施術を施すのであれば、それに応じた人数のマッサージ師がいなくてはなりません。一馬力では当然限界があるのです。

当時私は、ただ〝人に喜んでいただきたい〟〝伯母が助けられたように人のお役にたちたい〟そんな気持ちで日々学び、技術の研鑽《けんさん》をしていました。

伯母を助けていただいた先生のようになりたい！　その熱い気持ちと目標で突っ走っていましたから、〝自分自身の技術を上げたい、レベルアップして恩師に近づきたい〟の一心で日々を過ごしました。

多くの方々に施術を施したいという考えの前に、まずは自らが進化しなくてはと思っていましたので、一馬力で行動しているなどということには、まったく気づいていませんでした。

まず、私自身がある程度出来るようになるまでは、「より多くの方々へ施術を施すためにどうすればいいのか？」ということは、まったく意識していませんでした。より多くの方々に喜んでいただきたい気持ちはあったのですが、そこまでの余裕がなかったのでしょう。

このように人は、意識の向いている方向がちょっと違うだけで、見えるものも見えなかったり、気づく部分も気づかなかったりします。

しかし、人は一馬力で行動しなければならない時期もあるのです。技術の習得やスキルアップなどは、仲間がいればモチベーションが下がりにくかったり、励まし合ったりは出来ますが、多馬力でその時間を短縮出来たりするものではありません。

一馬力でとことん学んだり、修練を積む時期も必要なのです。

一馬力から多馬力へシフトする理由とは？

〝多馬力の重要性！〟そのようなことを真剣に思うようになったのは、独立開業して二年目、サロン、治療院三店舗目を開業した時でした。雇用しているスタッフが既に二十人前後おり、全面的に協力してくれていました。

私一人の体では、どうしてもすべてのお客様の対応は出来ず、より多くのスタッフに喜んで協力してもらうことが必要な時期だったのです。

私は、この部分だけでも多馬力の必要性を強く感じていました。また各サロン、各治療院のことに関しては百パーセント店長を信用してお任せしなければ、会社全体としての舵取りが出来ないと感じていた時です。

ちょうどその頃のことです。お客様から一本の緊急電話が入りました。

「急に腰が痛くなって立ち上がれない」とのことでした。

現場をスタッフにまかせて、一目散にお客様の自宅に伺いました。よく話を聞いて観察して見てみると、〝ぎっくり腰〟だったのです。ご本人は生まれて初めての経験だったために、もうこのまま動けなくなるのではと思い、すぐに思い浮かんだ弊治療院に電話をされたのだということでした。

お客様の脳裏《のうり》には、こんな言葉が浮かんでいたそうです。

〝このまま一生動けなくなるのでは〟

〝どうしよう！　このままでは何も出来ない！〟

〝なんて情けないのか！〟

ぎっくり腰を初めてされた方は、大体このように思うようです。

適切な処置をして、三十分くらいたった時には、なんとか歩けるようになっていました。

この時の行動を振り返ってみると、治療院を任せることが出来るスタッフがいたので、即行動が出来たのです。一人で治療院を切り盛りしていたならば、営業終了後に伺うことしか出来なかったはずです。


今思えば、その時が〝一馬力から多馬力へ〟と考え方をシフトするための転換期でした。すぐ治療に来てほしいと言われた時に、代わりの人がおらず、私一人がバタバタと忙しくしていたならば、結局何も出来ないのです。現場で施術をしてくれる優秀な人材があってこそ、組織としてまとまり、患者様にいい施術、いいサービスを提供出来るのです。それが地域に根差したサービスを提供し続けるための重要なポイントです。「地域一番店」とよく言いますが、お客様に喜ばれる商品やサービスを絶えず提供し続けてこそ、地域の方々に愛され続けることが出来るのです。

その意味でも、〝一馬力から多馬力へ〟シフトすることで、高い信用を得ることが出来、お客様に評価していただけるのです。

私が開業したのは二十七歳の時でした。その五年後には、サロンも十数店舗まで広がり、店舗によっては、一日にいらっしゃる患者さんが九十名を超えるという忙しい毎日でした。私自らも現場に入りつつ、お昼休みには新店舗を開業するための不動産屋さんまわりをしたり、人材採用のための面接をするなど、本当に休みなく働きました。

そんなある日、中長期的に将来のことを考える機会がありました。そして、このままでは目の前の忙しい生活から抜け出すことが出来ず、また新しい試みにチャレンジする余裕もないということに気がついたのです。

〝新しいビジネスを展開していくためには、その新しい分野に集中するために、四六時中今までの部分に時間をかけなくてもいい仕組みをつくらなければならない〟という結論に達したのです。

私の施術を目当てに患者さんが来てくださることはとても嬉しいのですが、私がいないと現場がまわらないような状況では、万が一私が身体を壊した場合、従業員を路頭に迷わせてしまうことになります。

開業してしばらくした頃から、「いずれ私は現場から離れて、経営者としての仕事に専念しなければならなくなる」と感じてはいましたので、ちょうどその当時、現場の何人かの責任者が片腕と言えるまでに成長し、多店舗展開も順調にいっていたことからベストタイミングだと判断し、少しずつ現場から退いていくことにしました。


今、改めてその頃を振り返ってみて、スタッフの頑張りのお陰で一セラピストから経営サイドへのシフトを絶妙なタイミングで行なうことが出来たな、とその時を支えてもらったスタッフへの感謝の気持ちでいっぱいです。

このタイミングと準備を怠ると、いつまでも現場に縛られることになりなかなか進化することが出来ません。今でもこの部分で苦戦している同業の方々が多くおり、遠方からもよく相談にいらっしゃいます。

このことからも〝一馬力から多馬力へ〟シフトするタイミングと準備の難しさを常々感じています。

多馬力にシフトするために大切な三つのこと

〝一馬力から多馬力へ〟シフトするために、「タイミングをうまく計ること」「そのための準備をきちんとすること」が必要ですが、いいリーダーシップをとりながら多馬力にシフトしていくために大切な三つのポイントがあります。

それは、次の三つです。

1　先見力

2　行動力

3　リーダーシップ

それでは、この三点について、説明していきます。

1、先見力

物事を成就するためには、時代の一歩先のことを知り、半歩先の行動が必要です。

そのためには、全体の時代の流れ、業界の動向、異業種の動き、人の心理などを調査して進まなければなりません。先々のことを予想して行動出来なければタイミングを逸してしまいます。何をするにもタイミングは大切です。

私は、四年前から携帯での情報発信を行なっていますが、今になってその重要さと貴重さを知る方々が多くいます。実感してから行動するのでは、いろんな意味で、よっぽどの体力がないと時代に追い付けません。時代の流れに乗るためには、みんなが思う半歩先くらいから仕掛けることが必要なのです。そのタイミングを見違えると、大きな機会損失になります。常に先々を見据える意識が必要なのです。

2、行動力

〝先んずれば人を制す〟という言葉があるように、人より先に行動し調査して、多くの人をリードすることが必要です。

リードする人の行動が遅くなると、すべてのスケジュールが遅れることになります。先見力で、先々を見据える意識だけではなく、それを実績にする行動力が必要なのです。

最近、いろんな方々に接しますが、飛躍的に発展し繁盛する方々の共通点は、この〝行動力〟につきます。特に多くの方々のリーダーとなる方や、会社のトップの方は、我先にと行動される方が多いです。

今、あるエステティックサロンを三店舗経営している女性経営者にアドバイスしていますす。その方は、現状を把握して将来のビジョンを明確にし、目標とする方をきちんと見据《みす》え、人の三倍の行動力で方向転換していらっしゃいます。行動力で現状打破していらっしゃるのです。通常ではあり得ないくらい素早く物事を決定し、どんどん進んでいらっしゃいます。

その行動からどんどん周囲が変わっているのです。

やはり多くの方々を導きリーダーシップをとる方は、〝行動力〟が違います。

3、リーダーシップ

よく、先見性があり行動力が人一倍ある創業社長とお会いします。一人でどんどん突っ走り、従業員がトップの考えをなかなか理解出来ずにどんどん隔たりが大きくなるケースをよく目にします。

これでは、力が分散して会社の〝強み〟をなかなか発揮出来ません。リーダーシップと言ってもただグイグイ引っ張ればいいのではありません。従業員がトップの考えを理解出来ずに迷っていては、底力を発揮出来ないのです。

〝一馬力から多馬力へ〟シフトし、多くの人を一つのベクトルの方向へ引っ張るには、そのベースとなる組織内でのコミュニケーション力が必要で、その上でのリーダーシップが大切なのです。

多馬力の最大のメリットとは?

大勢のパワーをまとめて〝一馬力から多馬力〟にし、一つの方向に集中することで〝強み〟を発揮出来ます。しかし〝多馬力〟のメリットは、パワーがまとって強くなっている、というだけではないのです。多くの人が一つの目標に向かって動けば、いろんな考え方や捉え方が存在します。また各分野、各業界の違いによる新たな発見があります。新たなアイディアや企画を発掘するためにブレインストーミング（アレックス・F・オズボーンによって考案された会議方式のひとつ。連想を集団で行なうことによって、相互交錯の連鎖反応や発想の誘発を期待する技法）などを使って多くの意見を出してみると、その違いがさらに明確に分かるでしょう。時として業界の常識は、業界外の人には非常識だったりします。見方を変えると、各業界の違いは、半歩先、一歩先のことを知る手掛かりになるのです。

この、人それぞれの考え方の違いや慣習の違いが、多くの気づきやアイディアを生み出します。これこそが、多馬力の隠れた、そして最大のメリットなのです。

そのことに気づかせてくれた、あるエピソードをご紹介します。

私がご紹介したAさんとBさんのお話です。

Aさんのお仕事は、さまざまな検定ビジネスを立ち上げるサポートをされる方です。

Bさんは独立したての出版社の代表です。

お互いの話をする中で、Bさんが独立したきっかけの話をされました。このBさんは、親御さんも出版社の代表なのです。親御さんが三十年来、ある大きな宗派の宗教関係の出版を主に手掛けてこられたのを見てきていて、違う分野で出版に携わりたい、違う分野の人に焦点を当て、活躍する人を出版してクローズアップしたいとの意向から独立されたのです。

そこでAさんが一言、「三十年来、宗教関係のつながりがあれば、面白いことが出来るよ。かかわっている宗教関係の檀家集団に携帯マーケティングの仕組みを導入すれば、家にいてもお寺の説法が聞けて、今までよりもっと繰り返しお寺を利用していただけるようになるよ！　私にはコネもつながりもないので提案したいが出来ないよ～」と。

それを聞いたBさんはびっくり、そんな方法で、父が長年かかわっていた業界に新たな提案が出来るとは、とその場で驚愕《きょうがく》していました。

この事例のように、違う立場の人同士が集まると、モノの見方や捉え方が違い、さまざまな事柄がチャンスになったりするのです。人は長年同じことに携わったり、繰り返し同じことをしていると、固定概念を持っていることさえも気づかずにいたりするものなのです。よって同じ事柄に遭遇《そうぐう》しても、人によっては普通に捉えたり、チャンスに捉えたりします。そのことで、その先の行動が変わってくるのです。意識が変われば行動が変わり、行動が変われば組織が変わり、組織が変われば結果も変わるのです。

〝一馬力から多馬力〟にする過程で、いろんな人の意識や考え方の違いを感じ取れ、それが科学反応を起こすことにより新たな企画が泉のようにどんどん生まれるのです。

人と人がいい科学反応を起こすためにも、意識や考え方の違いを素直に認めて受け入れることが必要です。

多馬力で時流に乗る

昨今、何の分野でもそうですが、商品のライフサイクルが非常に短くなってきています。

現代はすでに物が溢《あふ》れ、どんな商品でも売ることがなかなか難しい時代です。

しかし、一つの商品を、正面から見たり上から見たり、と角度を変えて見ることによっていろいろなアイディアを出せば、お客様が喜ぶような商品やサービスを生み出していくことが出来るのです。

アイディアの源となるのは、「人に喜んでいただく」という〝愛の精神〟です。この精神で物事を考えることにより、アイディアの相談者、消費者、提案者すべてがよい結果を享《きょう》受《じゅ》出来る「Ｗｉｎ―Ｗｉｎ―Ｗｉｎ」の関係を築くことが出来ます。

その一方で、先ほどもお伝えしたように、商品のライフサイクルが非常に短くなってきていますから、時代の流れにしっかりと対応するためにも〝スピード〟が不可欠です。

スピードをつけるためには、一人ではやはり限界があります。まさに〝一馬力から多馬力〟にシフトすることが必要なのです。人の力を結集し、それぞれが得意分野を発揮して一つのプロジェクトを達成するほうが何十倍も〝スピード〟は速いのです。

画期的な新たなことを生み出し続けるのは、非常に困難を極めます。また資源の限られる中小企業や零細企業にとっては、いろんな意味で体力に限界があります。

そんな状況の中、これからの繁盛のポイントは、〝組み合わせ〟と〝細分化〟です。〝組み合わせ〟ることにより、今までになかった商品やサービスが生まれたり、〝細分化〟することでコアなファンの満足度をあげられる時代なのです。

私は、オリンピック体操選手の強化トレーナーとして、プロのアスリートのために考えたオリジナルの骨格ストレッチ（ジョイレッチ）を指導しています。さらに私は、その骨格ストレッチを一般の人やセラピストたちに向けてアレンジし、セルフストレッチを考案しました。

骨格ストレッチは従来からある「ストレッチ」と「カイロプラクティック」と「呼吸法」を組み合わせたメソッドです。このように、既存のコンテンツ同士を「組み合わせる」ことによって、新たなコンテンツを生み出すことが出来るのです。

新しいことをゼロから生み出すのは、なかなか大変なことです。しかし、他の業界で使われているノウハウを真似させてもらい、自らの業界に合わせてカスタマイズすれば、新商品を生み出すことが出来るのです。

お互いに寄り掛かることなく、各々が専門分野を持ち、足し算の〝和〟でなく掛け算の〝乗〟の関係性をもたらし、科学反応を起こすことが出来る〝多馬力〟が時代に求められているのです。

このようなことからも〝多馬力のチーム〟が今の時代には必要なのです。

多馬力を最大限活かし成功へ導くためのカギ

最後に、この魅力的な〝多馬力のチーム〟で最大のパワーを出すための、三つのカギをお伝えしましょう。

それは左記の三点、意識の共有、コミュニケーション、積極性です。

①意識の共有

一つのプロジェクトに対して共通の目的意識を持って取りかかること

②コミュニケーション

プロジェクトにおいて円滑かつスピーディな対応するために、チーム内での双方向のコミュニケーションを取り、効率的に進めていくこと

③積極性

何事も行動から始まるように、積極的に行動して多馬力の足し算の〝和〟でなく掛け算の〝乗〟の関係性をもたらし、科学反応を起こす。

この三つの〝カギ〟を踏まえて邁進《まいしん》する多馬力のチームが時代を変えていくのです。

第三章　異業種チームで自己を変える

本多弘樹

「夢を持つ」って素晴らしい

私は二〇〇八年に独立し、現在は「縁を大切にする事業」という信念の下、さまざまな事業に取り組んでいます。

昔から目新しいことには、まずチャレンジする性格で、やってみて内側からじっくり判断し、継続するかどうかはそれから判断するようにしています。人間も仕事もチャンスも見た目で判断しては損してしまいますからね。

私は「雑草ライフ」を歩んできました。幼少の頃は恵まれていたかもしれません。小学校時代には、教育熱心な父母のおかげで勉強が好きな子供として育ち、中高一貫の進学校にわりと苦労もなく入学することが出来ました。これは、本当に今でも感謝して止まないのですが、母が私に〝勉強は楽しい〟ということを、身をもって教えてくれたおかげです。

しかし、高校に行く頃にはタバコや麻雀、競馬などを覚え、進学校の中では、完全にそれた道を進み始め、高校三年の頃には遅刻も早退もしない日が四日しかないなんていう不真面目な生活に見事に転向。それは大学に入ってからも続き、学校に行っては学食で「サークルの仲間と共に過ごす」という大義名分で授業に出ず、パチスロと麻雀に明け暮れるダメ大学生生活を満喫。「社会に出るのはまだ早いなぁ」なんてことを思っていたら、ついに大学を二年間も留年してしまうことになりました。

そして学費を稼ぐため、趣味と実益もかねて、大学生でありながらアルバイト先の雀荘の社員となり、果ては店長として勤務することになったのです。

当時は、大学卒業のために取らなければならない単位が若干残っていました。そこで夜勤にしていたのですが、月に四五〇時間くらい働いていたため、学校どころではなくなってしまい、「もう学校卒業するのをあきらめようかな。でも今までの学費を出してくれた両親に悪いしなぁ」なんて思っていました。

しかし、そんな私の前に、腐った価値観を変えてくれた救世主が現れたのです。

それは、勤めていた雀荘のM社長でした。直営とFCで雀荘を多店舗経営していて、よく社員を朝まで飲みに連れて行ってくれる社長で、サッカーの解説者のセルジオ越後さんによく似ていました。

M社長は、ある日、私と数名を食事に誘ってくださり、食事をしながらこう言いました。

「本多くん、雀荘の店長というのは男子一生の仕事ではないだろ？　男はもっと大きな夢を持たなくてはダメだ。ところで、本多君の夢は一体何だ？」

お調子者の私は、間髪を入れず、

「大金持ちになることです！」

と言いました。そしたらM社長も間髪を入れずに、

「バカもん！　夢ってのは、大金持ちになって叶えたいもののことを言うもんだ。いいかい、私の夢はＵＦＯを研究することだ。本多君なりにきっと〝これだ！〟という夢があるはずだ。来週までにしっかり考えてきなさい」

と返答してくださいました。

それからの一週間、二十三年間の人生で初めて自分自身を見つめることをしました。

「私は何がしたかったんだろう？」

そう考えた時、しっくりする答えがほどなくして見つかりました。

それは、お金持ちの象徴《しょうちょう》である馬主の中の頂点、〝ダービー馬の馬主になること〟でした。

競馬発祥の地イギリスでは、

「一国の宰相《さいしょう》になるよりダービー馬を持つのは難しい」

という諺《ことわざ》もあるくらいで、やりがいのある人生の目標にふさわしいとも思えました。初めて出来た自分の夢でしたが、そんな夢を持っていること自体が誇らしく思えました。

そして、再びM社長と話していた時に夢の宿題の話になり、堂々と自分の夢について語ったところ、

「いい夢じゃないか、本多君！　その夢を叶える方法について一緒に考えてみよう」

と人生の逆算、目標設定について教えてくれました。

M社長が、この一連の「夢を持つ」「人生の逆算」を教えてくれたことで、私の人生は大きく方向転換をすることになりました。

七十歳で夢を達成する目標を立て、そこから逆算をしたところ、ここでは割愛しますが二十代で独立をする必要があることがわかりました。

そして、「「独立したときに自分の会社で優秀な人材を雇うためには、高卒じゃダメだ」という思い込みから（今ではまったくそんなことが関係ないと思っていますが）、大学卒業へのモチベーションも高まり、仕事と勉強を両立させるようになり、六年かかりましたが無事に大学を

卒業しました。

その後、将来の独立を見据《みす》え、独立時に大量の資金を必要としない知識とノウハウを身に付けるため不動産会社に入社し、お客様に今後のライフスタイルを提案するコンサルティング営業をしてきました。

完全歩合の営業でしたが、成績も徐々に上がるようになり、トップになることもめずらしくなくなりました。

そして、経営コンサルティングの会社を経て独立。

以降は個人事業主としていろいろな事業に参加してきました。

特に、イベントや交流会は好評をいただいていて、定期的に毎回五十名～百名のたくさんの方にご参加いただき、時間や情報を共有しながら人脈を作っています。

異業種チームのコラボが未来を変える

私が得意なことを強《し》いて一つあげるとするなら、それは〝人と人をつなげること〟です。

昔で言えば、知り合いの男女をカップルにしたり、合コンのセッティングをしたりすることは、何の苦もなく出来ましたし、手前味噌ですが、評判も良いことが多く、「本多の合コンは素敵な人が多い」と各方面からお褒《ほ》めをいただいていました。

それが役に立っているのか、社会人になった今では、男女の出会いの場を作るのではなくて、困っている人や会社と問題解決の手段を持っている人とをマッチングさせることで、多くの方の役に立てているようです。

キーワードは「コラボレーション」です。

特にお互いにメリットがある、Ｗｉｎ－Ｗｉｎを満たすコラボレーションが出来た時は、とてつもない効果を発揮し、未来をガラっと変えてしまう力を生み出します。

では、なぜ異業種のコラボレーションが未来を変えていくのでしょうか？

それは、次の三つの理由があるからです。

■自分の「類」を簡単に破ることが出来るから

■圧倒的な成長をするから
■他人の力を自分の力にすることで結果が変わるから

この三つの理由が、あなたの未来を変えるコラボパワーの源泉です。
これから、この三つについて説明していきます。

コラボで自分の「類」を破る

〝類は友を呼ぶ〟という諺《ことわざ》はご存知ですよね。私の周りにもたくさんの「類」があり、好むと好まざるとにかかわらず、私自身もその中に所属しているのです。「ベンチャー志向の類」、「ポジティブ思考の類」、「麻雀好きの類」、「不動産関係の類」、「自己投資好きの類」、「ラーメン好きの類」、「競馬好きの類」……など、たくさん出てきます。

ここで、あなたも一度立ち止まって自分の類を書き出してみてください。

どうでしょうか？　多い人もいれば少ない人もいるのではないでしょうか？

コラボをすると、この類が一つ増えます。そして、類が増えると、単純に人脈の幅、あなたがお付き合いすることの出来る人たちの幅がぐんと広がっていくことになります。

イメージを膨らませてください。

有名なＳＮＳ（ソーシャル・ネットワーキング・サービス　人と人とのつながりを促進・サポートする、コミュニティ型の会員制のサービス、あるいはそういったサービスを提供するウェブサイト）であるミクシーでは、お友達登録をしているマイミクシーの数は平均七十人だそうです。つまり、計算上ではありますが、そこにはあなたの友人が七十人いるということになります。

そして、あなたの友人にも、同じように七十人のマイミクシーがいることになります。これを計算すると友人の友人が四千九百人です。そして、そのまた友人がどのくらいになるかというと、三十四万三千人という計算になるのです。

類を一回破ると、あなたが直接知っている友人の類に所属することになり、その友人の友人たちと手を組んでいくことになります。さらっと書きましたが、これってすごいことです。意識なく知り合う人は最低で年齢×十人なんて言いますから、私の場合、三十歳で三百人です。

それが、類をたった二回破ることで、一気に三十四万人以上の人脈を手にするチャンスを得るわけですから、すごさを理解していただけるのではないかと思います。

類を破る時、ぜひ心がけていただきたいことは、「自分のレベルよりも一〇パーセント高い類に入る」ということです。

そうすると、自分が今まで所属していた類も、同じように一〇パーセント高いレベルだと周囲が評価を上げてくれるようになります。自分の類のレベルも上がるのですね。

私の場合ですと、まさにこの「音速成功プロジェクト」の類に所属したことが、自分のレベルよりも高い類に所属したということになります。

「雑草ライフ」を送っていた私が、いきなり出版をするようになるということですから、周囲から驚きの声が上がるのも無理はありません。

しかも一緒に本を書いている仲間というのが、この本を見ていただければ一目瞭然なほど一芸に秀《ひい》でているハイレベルな面々ですから、さらにビックリしているようです。

そうすると、例えば私が定期的に開催している交流会も、「個人事業主の本多弘樹が主催している交流会」から、「『音速成功』という本を書いた本多弘樹が主催している交流会」となり、そのことが交流会自体のレベルを上げていることになるのです。

自分よりも一〇パーセント高いレベルの人を見つけたら、自分から近づき、ぜひその類とコラボレーションしてみてください。プライベートでもビジネスシーンでも有効ですよ。

なぜ圧倒的な成長をするのか？

自分よりも一〇パーセントレベルの高い人たちの類とコラボレーション出来るようになると、圧倒的な成長をしていくようになります。

一〇パーセント高い類とコラボしようとすると、よりレベルの高い人たちに囲まれることになります。

「人は人でしか磨かれない」という言葉は、私の座右《ざゆう》の銘《めい》でもありますが、人は自分のレベルよりも少し高い人たちによって磨かれます。レベルが高い人たちについていくためには、自分のレベルを上げなくてはいけません。

レベルが一〇パーセント高い人たちについていくには、少し背伸びをすれば何とか頑張れます。そして、何とか頑張っているうちに成長をしていくことになります。成長とは価値観の肯定的な変化であり、その価値観を変えてくれるのは人しかいないのです。

それを繰り返すことで、人は複利の原理でどんどん成長していきます。十回レベルが高い類とコラボをすると、元々〝一〇〇〟あった力が〝二六〇〟にまでなります。

今の自分の力が二・六倍になるというとピンとこないかもしれませんが、だまされたと思ってぜひやってみてください。

数年後、あなたの回りにいる人が、劇的に変わっていることに気付くと思います。

これが自分の五〇パーセントや倍近くのレベルと感じる類だと、入っても何一つすることが出来ませんし、そもそも入れてもらえないことが多いでしょう。

逆にレベルの低い類では、今までと変わりませんので、今までと変わらない未来が待っていることになります。

思い切ったチャレンジが悪いことはありませんが、急がば回れ、コラボを繰り返し、自分を磨いていきましょう。

他人の力を自分の力にする

そして、いよいよ佳境《かきょう》です。

コラボパワーを使う最大の意義は、他人の力を自分の力にしていくことにあります。そうなのです、他人の力はとても価値が高いのです。

なぜなら、コラボをしようとしている人が持っている力は、その人の人生の時間をかけて学び、実践し続けてきた結果、身につけることが出来た力だからです。

その人の代わりに自分が一からその能力を身に付けたら、少なくとも同じだけの時間がかかるはずです。自分よりもレベルが高い人であれば、さらに多くの時間必要とするでしょう。

その能力を使うことが出来るようになるコラボレーションは、つまり、究極の時間の節約、タイムマネジメントをしているということになるのです。

鉄鋼王として名高いアンドリュー・カーネギーは、アメリカで大成功した実業家で慈善活動家でした。

しかし、鉄鋼王と呼ばれてはいるものの、鉄鋼のプロではありませんでした。実は彼は、どう掘り出すのかも、どこに運ぶのかも、何をどう作るのかも、それをどうやって売るのかもほとんど知らなかったといいます。

では、どうやって成功したのでしょうか?

答えは、まさにコラボにありました。彼は、鉄鋼に関する教育・経験・才能を持った人々を数多く集め、協力させたのです。

アンドリュー・カーネギーの墓碑には、このように標されています。

「〝Here lies a man who was able to surround himself with men far cleverer than himself.〟(自分より賢き者を近づける術知りたる者、ここに眠る)」

まさに、コラボの真髄、私が最も言いたいことが詰まった、珠玉の言葉です。

これからの時代、スピードがより求められてくると言われます。

そのスピードをつけるコツが、他人の力を使うことなのです。

その他人の力、もっと言えば、自分がまだ経験をしたことがない分野=異業種での力、を利用出来るようになる手段が、異業種チームとコラボレーションをすることです。

まずはやってみよう

異業種チームでコラボをすると、自分の類を破ることが簡単に出来、それが自分の圧倒的な成長を促進し、レベルの高い人たちの力を利用することが出来るようになり、結果が変わってくることになります。そして、結果が変われば、未来が変わります。

つまり、異業種チームのコラボで未来が変わります。変えることが出来ます。

そのためにも、まず最初の一歩を踏み出してみましょう！

ほどほどそこそこの人生で満足したいという方以外には有効な方法になりますので、ぜひ本書を参考にして、実践してみていただけたら嬉しく思います。

第四章　何事も最初は与えることから始まる

丸山純孝

本当に「与える」ばかりでうまくいくのですか？

「何事も最初は与えることから始まる」と聞いて、あなたは「本当に与えるばかりで成功するのでしょうか？」という疑問をいだいたりしませんか？

世の中の「富」と言われるものは、総量が決まっていて奪い合いの「ゼロサムゲーム」だから、みんなで「与え合う」なんてあり得ないと。

ですから、もし「与える」という行為を率先してやっている人がいるとすれば、それは「金持ちの道楽」ではないかと思ってしまうのです。もしくは「後々にだますための詐欺師じゃないか」と疑ってしまうかもしれませんね。

では実際に、「与える人」はだましだまされるような世界に生きているのでしょうか？

いえ、本章に書かせていただくようにそんなことは決してありません。

それを理性的に納得したい、ということであれば二つの理由で説明出来ます。

まず、よく言われることでもありますが、「与えたものはいつか何らかの形で自らのところに返ってくる」という統計的な事実があるからです。

『お金の流れを呼び寄せる　頭のいいお金の使い方』（午堂登紀雄著　日本実業出版社）の四九ページにわかりやすいイラスト共に、この本質を現した説明があります。「お金というものはタライの中の水のようなものだ」と。

一所懸命に自らのところに水をかき集めようとすると、水は側からどんどんと逃げていってしまいますが、逆に最初に自分のところから押し出すと、回り回って自分のところに戻ってくるものなのです。

こういう法則があるのだ、ということを知っていないと、どうしても「最初は自分のところに集めないとどんどんとなくなってしまう」と感じてしまいます。人間の本能である「危険を回避する」意識が働くから仕方ありません。でも、「与えることは返ってくることである」ということを知っていれば、理性を働かせることによって、最初は我慢することが出来るのではないでしょうか。

では、「理性を働かせて我慢しないといけないの？」とやる気が失せてしまったあなた。

実は二つめの理由を知ると、楽しく出来るのではないでしょうか。

それは……「人によって欲しいものは違う」ということを改めて認識することです。

当たり前でしょうか？　わかってしまえば当たり前なのですが、実はちゃんと理解していない人がほとんどです。

というのは、「お金が欲しいですか？」と聞かれれば、誰もが「ＹＥＳ」と答えると思っていませんか？　確かに、多くの人は「ＹＥＳ」なのですが、「Ｎｏ」である人の存在もちゃんと抑えておかないといけません。

「Ｎｏ」の人と「ＹＥＳ」の人、そこに争い事は起こると思いますか？

交渉術として有名な『ハーバード流交渉術』（ロジャー　フィッシャー他著　阪急コミュニケーションズ）に、交渉の一例として、「オレンジ一個」を二人がどのようにして分けるか？を説いています。

二人とも、オレンジが丸々一個ほしい。半分ずつでは物足りない。

さて、どうしましょうか？という時に、自分の欲しいものが相手の欲しいものだと思い込んでいると、妥協して二人とも半分ずつとなり、双方に不満が残るわけですが……実は、片方は「オレンジの実が食べたい」、一方は「オレンジの皮を原材料として使いたい」ということがわかっていれば、双方が納得して譲り合うことが出来るという事例です。

成功者と呼ばれる人たちが「与え続ける」ことは、実は彼らにとっては、自分がそれほど求めていないものを自分が求めている価値と交換しようとしているだけなのかもしれないのです。

本来は、このような二つの理由を理性的に考えて納得するのではなく、本能的に「与えることは成功につながっている」と感じて行動している人が、音速で成功者になっていくのですが、もしあなたが最初の一歩が踏み出せないのだとしたら、これまでに説明してきた二つの理由でご自分を納得させるのはいかがでしょうか？

私には「何もない」と思っていませんか？

「あなたはどんな人に会いたいですか？」

このように質問されたら、あなたはどう答えますか？

具体的に人の名前が出てくるというあなた、本質をわかっていらっしゃるので、これ以上この章を読まなくても大丈夫です。次の章にお進みください。

もし、具体的に名前が出てこないとして「成功者に会いたい」と答えるとしたら……その時に、あなたの中にある想いは何でしょうか？

「成功者のオーラを感じてみたい」「自分にメリットがあるから会ってみたい」と思うならば、一呼吸置いて考えて欲しいことがあります。

それは……「お会いする相手の方に、どんなメリットを提供出来るだろうか」ということです。自分にとって欲しいメリットだけを考えるのではなく、相手の方のメリットを自分なりに予測してみたらどうでしょうか？

お金である必要もありませんし、ビジネスの話である必要があるとも限りません。もし成功者と言われる方にお会いするのであれば、自分のレベルでお金やビジネスのことを考えても、たぶんレベル的に相手にされないでしょう。

では、同じ土俵ではなく、私にしか提供出来ないものは何だろうか？と考えてみましょう。

実は、この質問を自分にされた多くの方が、「私には何も提供するものがない」とおっしゃいます。特に何かの専門家でもなく、プロでもないために、成功者に対して何も提供することは出来ないと。

本当ですか？

あなたの手元には一秒の自由な時間も、一円の自由になるお金もないのでしょうか？

例えば、講演をされている講師の方と親密になりたいとしましょう。その場合、何もしないよりは、講師が出している著書を買って読むことは一歩進んでいます。

それ以上に、講演に実際に有料で参加することは講師にとって近い存在になりますよね。

でも、それ以上を考えてみれば、

「受付などのスタッフとしてボランティアで手伝う」

「講師を呼んで講演会を主催する」

など、より講師と親密になる方法はいくらでもあり得るのです。

すべては最初の捉え方次第です。貢献したい相手が出来ないこと、自分の方が上回っていることを探すのではなく、貢献したい相手が出来ることであっても、自分がお手伝いすることで相手を助けることが出来る！と考えたらどうでしょう。


成功者に限らず、誰もが共通に平等に持っているものに「時間」があります。一日二十四時間しかない！ということは当たり前のことですし、ビジネス書にもたくさん書かれています。その時間を使って何か相手を助けることはできないでしょうか？

国際取引（貿易）の世界では、リカードの比較優位論という理論があります。これは簡単に説明すると、前提として世界に二つの国（A国、B国）しかないとします。そこで二つの製品を作っているとして、たとえその二つの製品の生産性がA国の方が高かったとしても、両方をA国が作ってB国は何も作らないよりも、二つのうちのより生産性が優《すぐ》れている方をA国が担《にな》って、他方をB国が担うことで両方の生産力を無駄にせずに、合計の生産量を高めてお互いにWin―Winになるという考え方です。

人にとっても同じであると私は考えます。どんなに優れた人であっても、持っている時間は有限。すべてのことを一人でやっていては、個々の生産性が高くても、全体として出来ること、出来る成果には限りが発生します。

であるからこそ、「自分の持てる力を使って成功者の方に〝貢献〟しよう！」と考えることで、相手にも喜んでもらいながら、こちらも「成功者の方と仲良くなりたい」「学びを得たい」という思いを満たして、お互いに満足するというWin―Winの関係を作りあげることが出来るのです。

考えてみてください。

同じ仕事のレベルで、同じような対価であれば、どうせ仕事を頼むのであれば「よく知っている人に頼みたい」と思いませんか？　これはなぜか。「すでに知っている＝人間として信頼が出来ている。これまでのところ信頼が失われていない」という前提がすでにあって、新しい人と探り合いながら、信頼を確認していく労力をかけていく必要がないからです。

もしあなたが、音速で成功するために成功者にお近づきになりたい！と、ただ名刺交換をたくさんして、「○○さんと知り合いなんだよねー」と吹聴《ふいちょう》しているような暇があれば、「自分が貢献出来ることは何だろう？」と真剣に考えてみてください。その後のスピードがまるで変わってきます。

楽しく貢献したいと思いませんか？

さてここまでは、音速成功のための「理論」ということで、非常に理性的、悪く言えば打算的な話が続きました。

人間は理性と感情の両方が納得しないと行動が変わりませんから、そのうちの理性で納得するために「理論」という形で、「まず与えること」によるメリットを提示したかったからです。

ところが、実際に「飛び級」で上がっていく人というのは、そんなことをいちいち考えていません。

なぜなら……逆に考えてみればすぐにわかることですが「打算的」に近づいてくる人間と、あなたは仲良くしたいですか？　決してそうではないはずです。あくまで結果論として、ここまで説明してきたことが起こるだけであって、実際の行動を起こす際にはいちいち考えていないからこそ、相手からも気持ちよく受け止めてもらえるのです。

では、何が起こっているのか？

先ほどの「理性」と「感情」のうちの後者の「感情」に焦点を当ててみましょう。

『面白いほど成功するツキの大原則』（現代書林）などの著書を持つ西田先生は、「脳を快の状態に置くこと」の重要性を説《と》かれています。「快」と感じる行動をすると、人は何度もその行動を繰り返すようになるというのです。

それはそうですよね。楽しいことはずっと続けていたいですから。

そう考えると、「貢献すること」が「快」になるためにはどうすればいいのか？という問いが生まれてくると思います。理性で考えるのではなく、感情として「嬉しい」＝「貢献すること」となるためにはどうすればいいのか？と。

そう考えた時、私が思いついたのは「お祭り」にしてしまえ！ということです。

自分が「お祭り」に参加していると思うと楽しくないですか？　祭りを周りでただ眺めているよりも、参加して主体的に「渦の中」にいる方が明らかに楽しく、臨場感やスピード感もリアルに味わえます。

この本を読んでくださっている方の多くが、中学や高校時代、もしくは大学の頃に「学園祭」というものを体験していると思います。学園祭は、名前の通りまさに「学校のお祭り」です。それに参加するか否かは多くの学校では、一人ひとりが自分で決めていたのではないかと思うのですが、参加しない人は周りの盛り上がりを見ながら「関係ないよなー」と下校していくのに対して、参加する人は「○○をしよう」「××をしたら楽しい企画になるんじゃないか?」と積極的に楽しんでいたのではないでしょうか。

私は、中学や高校の頃に、教室で模擬店を出したことがありますが、「どうやったら来てくれたお客さんが楽しんでくれるか? お店に利益を出すにはどうすればいいのか?」と考えながら、仲間とわいわいがやがやと楽しんでいました。「学園祭」は教育の一環ということで、残った利益は全部学校側に納めないといけないにもかかわらずです。

もしくは、プロスポーツチームの「サポーター」を考えてみてください。日本では特にサッカーのサポーターが熱狂的ですが、彼らは自分がやりたいことを「応援」として、めちゃくちゃ楽しんでいませんか?

もちろんサッカーだけではなく、野球にせよ、アイドルの追っかけにせよ、見返りを求めることなくひたすら「応援」をし続けることが出来るのは、自分が「楽しむ」ということと「応援」をリンクさせているからに他ならないと私は思っています。

自分が応援している相手が成功への階段を登っていく時、サポーターとしてかかわることが出来たならば、同じように嬉しくなると思うのです。応援することが「快」なわけですから。

逆に言えば、応援してもらいたい何かがある場合には「応援しやすい」環境や仕組み作りをしてあげることが必要です。プロサッカーチームも、街作りに貢献したり、観戦しやすいスタジアムを整備したり、スタジアムまでの交通網を整備したり、とやるべきことをきちんとやっているからこそ、「応援する」ことがみんなにとっての「快」になりえているのです。

それを見習って、私たちも、せっかくの「応援したい」という、いただいた志を台無しにしないようにしたいものです。やるべきことをきちんと準備してこそ「応援していただける資格」があると私は思っています。

成功したから人が集まるのか？

一般的に、成功者の周りには「人が集まってくる」と言われています。

簡単な例で言えば、「宝くじが当たった！」という話をすると親族が急に増えたりするそうです。（笑）

では、成功者になって初めて「人が集まってくるようになった」のでしょうか？

相続による場合を除いて、一般的に成功者と呼ばれる人は、生まれた時から成功者ではありません。当たり前ですね。そうなると、どこかの段階でそのステージが変わったわけですが……そう、「チャンスを見つけて、それを掴《つか》んで実現させた」からこそ、成功したのです。

ということは、最初にやらなければいけないことはチャンスと出会うことだったのです。

さて、ここで考えてみてください。

あなたがもし無人島で一人だったとして、成功することは出来ますか？魚を獲《と》ったり、木の実を採取したりという成功は出来ると思いますが、たぶんあなたの頭の中に定義されているいわゆる「成功」という出来事は起こらないでしょう。

つまり、成功したから人が集まったのではなく、人がいたからこそ成功出来たという視点を持って欲しいのです。出来事には「原因」と「結果」があり、原因という入力があって初めて結果という出力が生まれます。逆ではないのです。

そう考えると、人が集まる「場」を提供出来る人こそが、成功への階段を一歩上っている人だと言えるでしょう。本書の共著者である本多さんもまさにそんなお一人。交流会を開けば常に五十〜百人集まるということは、「本多さんがやる会だから、楽しそうだよね」とみんなが思って集まってくるわけです。すると人と人が出会って、何か新しい「融合」が起こる可能性があります。

融合が起こった場合、かかわった人たちはその「場」を設定してくれた人に感謝すると思いませんか？

私自身も、どんなジャンルで活動する際にも、「どうやったらかかわる人がハッピーになる場が作れるだろうか」と常に考えながら行動しています。

一例をあげれば、私自身はもともと本を紹介するメールマガジン（メルマガ）を個人の趣味で書いていました。そのメルマガがきっかけで、自分の著書を出すことになったのです。

その時ふと、「著者と、メルマガやブログの作者、出版関係者の方が出会うようなコミュニティがあると楽しくていいんじゃないか？」と思ったのです。

これを、同じような想いを持っていた仲間と話し、【AuthorConnect.jp】というコミュニティとして結実しました。

【AuthorConnect.jp】で交流会を行なうと、主催者側が特に何も誘導をしなくても積極的に交流しようとされる参加者がいて、その参加者の方々のレベルが非常に高いので、「とても温かい会ですね」というお言葉をたくさんの参加者の方からいただいています。

これも、「お祭りとして楽しんでやろう！」という参加者の皆さんの想いと、主催する側の「自分も楽しく、みんなの楽しみのために貢献する」という姿勢がマッチして初めて生まれるコラボレーションです。

プレゼントを受け取ってください

この本は、音速プロジェクトチーム（ソニック６）の序章に過ぎません。

そして、これからの我々の挑戦の世界への招待状でもあります。

まず、音速プロジェクトチームより、選ばれたあなたへのプレゼントがあります。そして、その後の軌跡が、最新情報として送られます。

下記ホームページからプレゼントをお受け取り下さい。

http://sonic6.biz/sc/

携帯の方は右記のＱＲコードより今すぐどうぞ！
あなたと、これからの歩みを共にしていけることを、
心より楽しみにしています。一緒に成功していきましょう。

音速成功プロジェクトチーム

☆プレゼントのお知らせ☆

エベイユより、この本を読んでくださっているあなたへ、プレゼントのお知らせです。

エベイユでは、下記ホームページで著者の方々の特別な音声ファイルや、書き下ろしのレポート等、あなたに役立てていただけるものを無料でプレゼントしています。

ぜひ、ホームページよりプレゼントを入手して下さい。

出版社エベイユ　ホームページ　　http:eveil-jp.net/

あなたが、本という、先人の知恵、心、経験、思いのたくさん詰まったもの、その他の私たちのご提供するさまざまなものを通して、あなた自身の生き方、本質を見出していっていただければ幸いです。

Eveil　代表　亀岡亮介

本章では「何事も最初は与えることから始まる」というテーマで書かせていただきました。理論の部分では、理性的でもあり打算的に思えた話が出てきたかもしれません。

しかし、あくまで理論はバックボーンであり、また得られる結果で自らを納得させるための道具に過ぎず、行動としては「どれだけ楽しんで、相手に対して貢献出来るか」につきます。

対価を相手に求めることなく与えるためには、自《みずか》らがその行為によって「快」を得る必要があります。この観点を持って行動を続けていれば、タライの中の水のように、最終的に何らかの形で戻ってくるまで待ち続けられますからね。

第五章　信念を持った物づくりが人をつなげる

吉村謙太郎

出会い

出会いはとても数奇です。幼い頃に忘れていた物事や、諦めていた物事を突然掘り起こしてくれます。そして、未知な出来事が無限に広がっていくことにもつながります。私は遠回りの生涯の中でそのことを強く感じています。

私の職種、酒造業は商業的には非常に危機的な非常に厳しい状況にあります。酒離れと言われている昨今、ここ十年間で全国四千蔵あった酒蔵が、三分の一の千四百蔵まで減っており、これから今以上に淘汰《とうた》されていくであろうと言われています。

しかし、この厳しい業界で無心に走り回っているからこそ、多くの素晴らしい人たちと出会うことが出来ているのかもしれません。同業者はもちろん、国内外を問わず、人種も問わない異業種の人たちと出会い、未知のコラボレーションが酒文化を無限に広げてくれます。

音楽とのコラボレーションをやったこともありますし、和柄好きなロサンゼルスでのファッションとのコラボレーションも経験しました。クラブイベントを共に催すこともあります。また、日本の古典芸能とのコラボもありました。

この章では私のこれまでの人生の中で、善きも悪しきも、起こった出来事を掻《か》い摘《つま》んでお話ししながら、この「出会い」が生み出したものについて、お伝えしていきます。

家業に反発!!

私の生まれた「瑞鷹《ずいよう》」という酒蔵は一八六七年、江戸幕府十五代将軍徳川慶喜が大政奉還した慶応三年に創業されました。所在地は熊本市の最南部に位置する川尻町という場所です。

創業当時の川尻町というと、今でも枯残る船着場があり、肥後細川藩の物流の拠点として栄えていました。川尻刃物や、開懐世利《かわせり》六菓匠に代表される和菓子、木桶など、今も続く伝統文化を継承する古き良き町並みが残っています。

私はこの古風な田舎町で生まれ、幼少期は、瓦屋根伝いに仲間たちの家に遊びに行ける環境の中で、石畳のある川沿いに駄菓子を持って集まり、爆竹とロケット花火で撃ち合いをしているような少年でした。

家業が酒造りの家系とあり、幼い頃から酒宴の席が近くにあったので、未成年の頃より酒を勧められる機会は少なからずありました。（当時は飲酒におおらかな時代でした。今は間違っても未成年には勧められませんが……）古い家で何かと大勢の人たちが出入りしていたことを記憶しています。

しかし、捻《ひね》くれていた私は、「酒は苦い、飲めない」とまったく飲みませんでした。未成年に酒の味が分からないのは当たり前なのですが、少なからず家業に反発があったことも事実です。

中学・高校に入っても仲間たちと遊びまわる毎日で、習い事など何もしていません。

この頃は漠然と音楽にかかわる生活をして生きたいと思っていました。バンドブームの中で高校生活を過ごした同世代の人たちには、ありがちなビジョンだったのではないでしょうか？

そして、そこに挫折した私は、とにかく何か創造性のあることをして生きていきたいと考えながら、まずは大学へ入りました。サラリーマン生活など想像も出来ない甘チャン小僧だったのです。

そんな私が自分の意思で本格的にお酒に触れるようになったのは、大学入学前後です。初めて美味《おい》しいと感じ一晩でボトルを開けたのが、友達の持ってきた「サントリー白角」でした。それからは洋酒、特に蒸留酒を愛飲するようになりました。

知識もなく視野の狭い私は、とりあえず和製ウィスキーやスコッチよりもアルコールの高いアメリカン・ウィスキーに目を付け、中でもジョン・ウェインが愛したという「ワイルドターキー ライ」を好きだということにしていました。

その頃、生ピアノと機械式の生ギターのある洒落《しゃれ》たバーでバーテンを始め、洋酒やカクテルの勉強を始めることになります。

覚えたての時ほど蘊蓄《うんちく》が多く、口数も多かったような気がします。そして段々、バーボンよりもスコッチを好むようになり、「アイラ島だ」「ハイランドだ」などとフレーズ付きで夜な夜な飲んでいたことを覚えています。

異業種での修業時代

大学卒業後は、地元に帰って先輩のカフェバーの立ち上げを手伝ったことから、そのままバーテンとして働き出しました。

数件の店舗でお手伝いをしましたが、印象的なお店が、熊本の中心地にある「ジャスマック」という飲み屋ビルにあるラウンジです。ラウンジなので、バーテンというよりボーイでしたが、入店してしばらくは半バイト的な手伝いの身でありながら、男は私だけとあって店長兼消防責任者を任され、ぬるい私はお店の女の子たちの遅刻も大目に見ながら楽しく過ごしていました。

ところが一ヶ月ほど経った頃、いつものように二日酔いのまま開店一時間前の店に行くとなぜか鍵が開いていて、中に入ると一人の巨大な中年女性がカウンターで煙草を吸っています。

聞けば、元々私が手伝いに入る前にこの店でママをされていた方のようで、ここしばらくは長期休養していたが、今日からまた復帰するとのことでした。

声の低いそのママに違和感を覚えながら開店準備を進めていると、早めに出勤して来た女の子が驚いた顔を見せた後に上擦《うわず》った挨拶をしました。するとママは急にハイテンションで女の子の名前を呼びます。何だかテンションが噛み合っていません。二人、三人と出勤して来ますが、同じようなノリで挨拶が続き、開店の時間となりました。

平日とあって開店早々はお客様が来ていませんが、今日からママの復帰とあって、珍しくオーナーが一人で入店して来ました。

事情を説明してもらい、

「そういうことなので、これからはママの下で宜しく頼む」

とオーナーは私に言いました。

その日は閉店よりもかなり早い時間でママとオーナーは帰ったのですが、私はいつものように閉店後の後片付けを済ませ、その日の売上を系列のバーに持って行きました。たいてい仕事後は、ここで二、三杯引っかけます。

その日は店の女の子が数名ついて来たので、ママの事情を聞くことが出来ました。

案の定というかママはオカマでした。おまけに長期休養とはクスリで捕まっていたらしく、現在保護観察中とのことです。

その日から平穏な職場は一転します。

とにかく、彼女(彼?)は、週に二回の女性ホルモンの注射と毎日の女性ホルモンの錠剤の服用を日課としていたので、非常に精神が不安定でした。突然不機嫌になったり、極端にテンションが上がったり、おまけに女の子に当たり散らすものだから、辞める娘が続出です。

その割にお客さんを持っていたようで、お客さんは増える一方。

毎日、閉店後には私と系列のバーまで一緒です。

その頃、仕事後に連れて行かれた「同性愛者の集まるバー」で知り合ったレズビアンの方とは、東京に来てから新宿二丁目のお店で再会しました。

そこで、「清酒を楽しむ会」を催すことになります。実に数奇です。

程なくバーテンの方に戻りましたが、それから一年も経たないうちにその店は閉店したようです。最近、二丁目で聞いたところ、ママは消息不明とのことでした。

この頃は、私も妙にテンションが高かったような気がします。

将来的に不安のある時期は、破滅的な楽しさを感じませんか？


一年程の飲み屋生活の後は、立川に移り、ビル管理の仕事に携わりました。

こちらは「ビル管理技術者」の免許を取ることが目的で、三年ほど設備員として現場に入りました。ビル管理業には、設備員・警備員・清掃員がいて、「ビル管理技術者」とは、その統括責任者となる免許です。

設備員は三勤一休でビルの防災センターに待機し、定期的なメンテナンス・点検以外は有事に備えることが目的で空いた時間が多くあったため、賢い人は、資格試験の勉強等に、その空いた時間を活かしていました。

清掃員には音楽を演《や》っている人が多く、この頃はそのつながりから、ミュージシャンの方々と接する機会が増えました。忘れた頃に音楽との接点が出てきたのです。

ただ、半プロのような仲間と出会って、改めて技術の差を思い知りました。

また、この頃は東京に出て来たことをきっかけに何か創造的なことをしたくて、ウォールグラフィックに嵌《はま》っていました。（きれいな言い方をしていますが、「落書き」は禁止行為なので詳しくは書きません……）

この世界にも素晴らしい腕を持った仲間が大勢いました。沖縄に移り住み、デザインTシャツで大成功しているグループもいます。

最近、数年に一回催している沖縄の泡盛見学の際、彼らとも再会することが出来ました。

最終的に「ビル管理技術者」の免許は取得しましたが、私の入る予定のビルが落札出来ず、というより完成が伸びに伸び、入札自体がなかなか行なわれないこともあり、随分と遠回りをした結果、家業の清酒業に戻りました。

信念を持った物づくりは、素晴らしい異文化とつながる

二〇〇二年、清酒の勉強をするために、三ヶ月間東広島市にある酒造総合試験所に入学しました。ここで十数人の酒蔵仲間と寮生活を過ごし、ひと冬をかけて一タンクの古酒向け純米酒を仕込みました。

卒業後は清酒業が本格的にスタートします。

始めてみると、外から見ていたのとは違い、地酒の世界は大量生産・大量消費の商品ではなく、こだわったったものづくりが要求される業種でした。酒づくりもアートだったのです。

酒は水と米で造ります。

熊本には阿蘇の伏流水という素晴らしい水があります。ところが地元熊本県は、食米の栽培は盛んですが、酒造好適米（酒造り用の米）の栽培に関しては、とても遅れていました。

その頃、私は山形県のアスクという米問屋の社長さんと知り合いました。この方が私に

とって酒造好適米の師匠となります。

師匠と知り合ったことで、熊本県で新しい品種をつくる計画が立ちました。あとは協力してくれる地元農家を探すだけです。

さっそく、県内の農家を廻りましたが、酒米のそれも新品種となるとなかなか首を縦に振ってくれません。農家との確約が取れない時期が続きました。それでもあきらめずに廻り続けたところ、阿蘇の内牧という場所で素晴らしく腕のある農家と知り合うことが出来、県下では初めての栽培となる山形県の品種「玉苗」という米を栽培することが出来ました。今もこの米を使って「純米吟醸酒 玉苗」をつくっています。

その後、熊本県南部の八代という場所で、三十年来無農薬栽培をされている「粋」な農家とも知り合い、無農薬の山田錦づくりに取り組んでいます。

この米でつくった酒は、米をつくっている方の名前を取って「純米吟醸酒 崇薫」と名付けました。

昨今、食の安全が騒がれていますが、そんな中で、私たちは「地に足の着いたものづくり」を着実に実践しているのです。

地酒蔵の仲間たちとバンクーバーで行なった日本酒イベントを皮切りに、台湾・中国・香港・アメリカへの輸出を開始しました。海外では日本文化にとても敬意を払ってくれます。ロサンゼルスのイベントなどに参加してくださった方も非常に熱心な方が多いように見受けられました。

こうやって酒業界で動き回っていると、不思議と創造的な異文化とリンクしてきました。ものづくり学校では、芸術家の卵たちに菰樽《こもだる》を与えるとスプレーでグラフィックを描きます。立川に居た頃を思い出しました。

また、飲み仲間の「粋」な音楽プロデューサーとは、彼の秘蔵っ子のピアニストにお酒のもろ味のために曲をつくってもらい、曲を聞かせ続けたもろ味とCDのリンクでお酒を造る計画をしています。

和柄専門のファッション関係の仲間とは、完全な酒ラベルと酒の裏ラベルまでプリントしたデザインでのTシャツを発案しました。

こうやって、コラボレーションをする機会がどんどん増えてきているのは、やはり好きなことを楽しみながらやっているからです。そして私は、創造的に物事にこだわっている人たちが大好きで、どのような物事であれ、自分で何かをつくり出している人たちは無条件に尊重します。

さらに縁をもらったら積極的に動きます。せっかくの人生ですから、やらなきゃ損だと思いませんか?

「粋で在りたい」ということ

私のテーマは毎日を「粋」に過ごすということです。

音楽や絵や書物、芝居など芸術的なものをつくる人たち、素晴らしい芸を見せてくれる人たち、名勝負をつくり上げ感動を与える人たちがいる一方で、会社で働く人たちにも素晴らしい人間関係や企画をつくっている人も大勢いるし、縁の下で素晴らしいものづくりをしている人もいます。

何をつくって生きるかは問題ではありません。そこに自分の意思を持ってつくっているということが必要です。

それを続けている人が、「粋」な人生を送ることが出来、同業種・異業種の仲間たちと素晴らしい関係を持ってつながっていけるのだと思います。

私が師匠と呼ばせていただいている方に、和泉流の狂言師であり総合芸術家の野村万之丞先生がいらっしゃいました。

「狂言と日本酒を楽しむ会」というイベントがきっかけで知り合うことが出来たのですが、非常に残念なことに二〇〇四年に四十四歳という若さで亡くなられてしまいました。

各分野に大変な人脈を持った方であり、毎日を多忙にエンジョイされた方でした。

彼は日本の古典芸能である「狂言師」の第一人者でありながら、「現代狂言」という分野を発案された方で、伝統文化を後世に伝え残していくことは、「守ること」では無く「形を変えながら心を伝えていくこと」と教えてくださいました。

また彼は文化人類学の教授でもあり、多くのことを教えていただきました。その中で大変興味深かったのが日本社会の風刺の話で、

戦中の世の中を「重重《おもおも》」……重い物事を重く話す世の中
戦後の世の中を「軽重《かるおも》」……軽い（たいしたことのない）物事を重く話す世の中
昨今の世の中を「軽軽《かるかる》」……軽い物事を軽く話す世の中
これからは「重軽《おもかる》」……重い物事を軽く話す世の中でありたい

というものでした。

そして、この『重い物事を軽く話す「重軽」であることが「粋」である』と独特の言葉で表現され、とても肩の力が抜けていながら、多くの重責を楽しくこなしていった「粋」で「風流」な方でした。

分野は違っても、古典的な家に生まれ、決まったしきたりに疑問を持つ捻《ひね》くれ体質だった先生に、私はとても近いものを感じていました。

その教えを大切に受け止め、清酒の文化を「粋」に伝え広げていきたいと思います。

あなたも、この「粋」ということを意識してみてはいかがでしょうか？

「粋」であるためには、この「重軽」であることを実行すると同時に、自分の手で、自分にしか出来ないものをつくりながら生きていくことが大切です。

そのことが社会の中で自分の意義や居場所を築き、良い仲間たちと良い関係をつくり、また、素晴らしい同業、異業種の仲間を引き寄せ、毎日の楽しい生活とつながっていくのです。

自分の居場所で、意思のあるものづくりを続けていると素晴らしい異文化ともつながり、音楽やウォールグラフィックなど、不思議と挫折していたはずの夢までもリンクして来ています。そして物事が1＋1＝10にも100にも膨らみ始めているのです。

私が、このような素晴らしい仲間と知り合い、本づくりに協力させてもらえたことも同じ理由です。

それを今、私は実体験しているのです。

第六章　音速成功のキー「才能の棚卸し」

本多弘樹

才能がないなんて思っていませんか？

あなたは、才能というとどんな言葉を思い出しますか？

私が思い出した言葉は、音楽の才能、絵の才能、英語の才能、勉強の才能、スポーツの才能、トークの才能、料理の才能、著作の才能……見事に私にはないものばかりです。

才能があれば、仕事に困ることはないですし、その才能を通して多くの人に役に立つことが出来れば、大きな豊かさにつながっていくこともあるでしょう。

また、複数の才能を持てば多才な人と評価され、それがオリジナリティとなって大きく道が開けるきっかけにもなります。

例えば、私が好きなお笑い芸人で、最近女性タレントの大沢あかねさんとご結婚された劇団ひとりさんは、一人で複数の役をこなす芸風でブレイクした後、その演技力を買われて俳優としての仕事も多くなり、さらに小説家としても「陰日向に咲く」で百万部を超えるベストセラーを世に出し、それが映画化し、こちらも大ヒットしました。まさに多才振りを遺憾《いかん》なく発揮されています。

よく、「私には才能がない」という言葉を聞くことがありますが、実はこの言葉は、チャレンジをしないことや途中であきらめる時の言いわけとして使われることが多いように、私は感じています。その根底には、「あの人だから出来た」という考え方があるのではないでしょうか。

もし、そのような考え方を持っていて、「何かにチャレンジしたんだけれど、途中であきらめることが多かった」という方がこの本を読んでいたとしたら、その人は本当にラッキーです。

なぜならば、この本には「あなたにしか出来ない音速成功のノウハウ」が書いてあるからです。〝あなたにしか出来ない〟です。

一般的には、才能という定義は、他人によって価値を認められる他人とは違った能力のことを言います。しかし、この章の目的は、あなたにしかない才能を見つけて（場合によっては創り出して）あなたに音速成功をしてもらうことです。

では、音速成功する才能の棚卸しという本題に入っていきましょう。

音速で成功する才能の棚卸し

音速で成功する才能の棚卸しとは、どういうことでしょうか？

音速で成功するとは、すなわちスピーディに成功することです。そのためにはチームでのコラボレーションが必要だということは、ここまで読んでくださった皆さんであればご理解いただけていると思います。

そしてチームで成功するために必要なことは、チームのメンバー一人ひとりが自分の持ち場で役割をしっかり果たしていく、役割を果たしていくことでチームに貢献していくということです。

才能というのは、他人から認められる他人とは違った能力のことです。しかし、ここでいう他人とはチームの仲間のことですから、言い換えれば、チーム内でのあなたにしかない価値ということになります。

つまり、音速で成功する才能の棚卸しとは、チームの中で、あなたにしかない価値を発見し、育てていく作業のことです。

チームへの貢献と音速成功

チームの成果は、

〝個人の能力の合計×組織の効率〟

という式で表されます。

掛け算なので、個人の能力の合計と組織の効率が高まれば高まるほど、出てきた成果は大きくなります。ですから、どんなに能力があっても効率が悪ければ成果は小さくなっていってしまいます。

そして、音速成功は、チームの成果を大きくすることで達成されます。

では、その組織の効率を上げるために何が必要なのか。それはチームのメンバー同士がお互いに貢献し合うということです。つまり、貢献すればするほど、効率が上がっていくのです。

では、どのように貢献をしていけばいいのでしょうか？

それは、チームで向かう目的や目標から逆算された役割を一人ひとりが責任を持って全《まっと》うすることです。そして、その役割を果たしていくために、あなたの才能をしっかりと活かしていくのです。

あなたには価値がある

音速成功する才能とは、チームに貢献していくあなたにしかない価値のことです。

あなたにしかない価値とは、いったいどういうことなのでしょうか？


私の周りにもこういう方が何人かいらっしゃいます。

それは、「私なんて何も出来ないし、周りには優秀な人ばっかり……」と自己評価が低く、いつも自信なさそうにしている人です。

このような方とお話をすると、私はいつも「もったいない！」と思ってしまいます。自分の才能を信じることが出来ないばかりに、その才能を発揮出来ていない場合が多いからです。

私がいろいろな方とお話しさせていただいて感じていることがあります。それは、他の方から評価をもらえることで自分に自信が持てるとおっしゃる方は多いですが、ほとんどの場合は、自分に自信があるからこそ他の人から評価してもらえるということが多い、ということです。

日本人は謙虚を美徳にしていて、たとえば、

「○○さん、すごく仕事が出来る方なんですねー」

と、せっかく褒《ほ》めてもらっても、

「いえいえ、滅相《めっそう》もない。仕事が出来るなんてとんでもない」

なんて答える方が本当に多いのですが、これは謙虚ではなくただの遠慮です。

うまくいっているのが明らかな人がやると「出来た人だな」と感じることこそあれ、そうでもない人がやっていると、「本当にとんでもなかったんだな」と感じます。これでは、とても才能は活かすことはできません。

なぜならば、自分の価値を自分で認めていないからです。

こういう場合は、ぜひこのように答えてみるようにすることをお勧めいたします。

「○○さん、すごく仕事が出来る方ですねー」

と、褒めてもらったら、

「ありがとうございます。そのように言ってくださる△△さんのおかげです」

こう言ってみましょう。これなら、自分自身を肯定しつつも相手への心配りがあり、好感を持てるのではないでしょうか?


私が言いたいことは、〝自分の価値を自分で信じる=自信を持つ〟ということです。自分の価値を自分で認めて初めて、自分に自身が持てます。そして、自分に価値を認めれば、その価値を認めてくれる方が必ず出てきます。〝必ず〟です。

才能の種を見つけ作り出す方法

それでは、具体的にあなたにしかない才能を見つけていきましょう。セルフイメージを高める方法、自分の得意なことを見つける方法、あなたにしかない価値を明確にする方法を紹介しますので、この本に書きながら実践してみてください。

① セルフイメージを高める方法

まず、自分のイメージを上げるために左記のことを実践してみましょう。これは、効果抜群です。出来ている項目には○を、これからやっていく項目にはチェックをつけてみてください。

□小物や持ち物を良くし、外見を整える。
□体を清潔にする。
□笑顔と称賛を贈る人になる。
□周りの方に心配りをし、感謝を忘れない。
□失敗を乗り越えて成功した人の体験談を聞いたり、自伝を読んだりする。
□「ありがとう」と言ってもらえる活動をする。
□自分に正直に生きる。
□整理整頓を行なう。

□小さなことをやりきる。

□約束を守る。

② 長所を見つける方法

次の質問の答えを記入してみましょう。自分の長所が見えてきます。

問1. あなたの性格で良いところはどこですか？

問2. あなたの持っている技術・技能はどんなことですか？

問3．何と言って褒められることが多いですか？

③ 得意なことを見つける方法

得意なことが見つかると、自分の役割をはっきりと見つけることが出来ます。納得いくまで、次の質問と向き合ってみましょう。

問1．今までの仕事で、一番成功した体験は何ですか？

問2. その体験で、成功した要因は何だと思いますか?

問3. 今までの仕事以外の面で、一番成功したことは何ですか?

問4. その体験で、成功した要因は何だと思いますか?

問5．成功の体験を通して、共通していることは何ですか？

④あなたにしかない価値を見つける方法

ここまで出来たあなたには、得意なことがはっきり見えてきたのではないでしょうか？得意なことをあなたが自信を持ってすることで、そこに価値が生まれます。

問1．あなたの得意な面を活かせるとしたら、どのような場面ですか？

問2. 楽しみながら得意な面を活かせるとしたら、どのような場面ですか?

問3. 得意な面が最も人の役に立つのはどのような場面ですか?

あなたの得意な面を活かし、楽しみながらやることによって、そこにあなたにしかない価値が生まれます。
それこそが、あなたの才能です。

そして、自信を持って、あなたの才能をチームへの貢献に活用してください。
それが、あなたを成功に導いてくれるのです。

第七章　成功するまで集中する

久永陽介

やりたいことを実現するにはどうすればいいのか？

私自身のベースになっている、とても大切なことがあります。それは、「どんなに大変なことでも、続けさえすれば苦痛の先には喜びがある」という「継続の法則」です。この法則を本当に肌で実感したのが、まず一つは学生時代に六年間続けた新聞配達の仕事でした。

地元鹿児島の高校を卒業した私は、親の仕送りを受けず、自《みずか》らの力で学費を稼ぎながら東京にある医療系の専門学校に通うため、新聞奨学生の制度を利用しました。そして、六年間新聞配達の仕事を続けて、五つの学校を卒業したのです。

最初は苦痛に感じることでも、何度も繰り返していけば、それは自分にとってごく普通の習慣となり、自然に身についていきます。

もう一つの事例として、〝わずか二年間で七百万円蓄えた〟ことがあります。

鹿児島から上京した当初は、指圧の専門学校を二年間で卒業したら地元に帰って、難病の叔母を救ってくれた恩師のもとに弟子入りしたいと考えていました。

しかし、卒業を間近に控えたある日、恩師は電話で「開業をするなら、田舎で単価の低い治療をするよりも、東京でやりなさい」と教えてくれました。

　つまり、東京で開業しなさいということです。

開業するにはどれくらいのお金が必要なのだろう？　といろいろ調べていくと、店舗を借りるための保証金、内装費、治療のためのベッド代などで一千万円はかかるということがわかりました。新聞配達をしながら学費を稼いで学校に通っていた私は、お金を極力使わない生活には慣れていました。その延長線上でお金を貯《た》め続けていけばいいわけで、一千万円と言っても、特に大変なことだとは思いませんでした。


　実際その頃の私は、施術の技法を習得するために午前中は指圧の専門学校に通い、午後は治療院で働き、それが終わるとさらに夜九時から出張マッサージ店で働くという形で、かけ持ちでお金を稼いでいました。

　勤務先の治療院は、一日に七十人もの患者さんが来るほど人気があり、私はマネージャーとして店を任される立場でしたから、そこそこの給料をいただいていました。さらに治療院の定休日である日曜日には、そのスペースを借りて一人で自費治療をさせてもらうなど、私はほとんど休みなしに働きました。そんな生活を二年続けた頃、貯金の額はいつの間にか七百万円に達していたのです。

わずか二年間で七百万円もの貯金が出来たのは、「開業したい」という明確な目標があったからこそです。お酒を飲んだり遊びに行ったりということは、ほとんどありませんでした。でもそれは、「楽しいことをやらない」というより、「やりたいことを実現するにはどうすればいいのか」ということを、常に自らに問いかけてセルフコーチングし、一年後、二年後の自分自身の姿をイメージしながら前に進んでいった結果なのです。

何かを続けていくためには、時には逃げようがない環境に自分自身を追い込むことも必要です。眠れないほどの極限状態でも、一つのことを続けていけばそれは習慣となって、必ず壁を乗り越えていけるのです。

この「継続の法則」を身につけたことは、今でも私自身が成長していくうえでの礎《いしずえ》となっています。

集中することの意味とは

「私は、六年間新聞配達を続けながら五つの学校を卒業しました」

セミナーなどで、こうお伝えすると、多くの方がとても驚かれます。

「難病の叔母を救ってくれた先生（恩師）のようになりたい」その一心で、私は五つの学校に通い、マッサージ指圧師、鍼灸師、柔道整復師、整体師、カイロプラクターなどの資格を次々と取得しました。

目立たない少年だった私が、新聞配達をしながら五つの学校に通うという、誰もが驚くようなことが実現出来たのにはきちんとした理由があります。

一つは、先ほどもお伝えしたように、新聞配達を続けることで、「どんなに大変なことでも続けていれば苦痛の先には喜びがある」という「継続の法則」を知り、しかもそれを、自分自身の経験から確信していたからです。

二つ目に、「時間を管理する」、「欲望をコントロールする」という能力を自分のものにした、ということがあります。
最初は苦痛に感じることでも、習慣になれば身体が覚えてくれるので、意識しなくても出来るようになります。すると次の段階として、時間の使い方が上手くなっていきます。

今でも、その時に身につけた「時間を管理する力」は役に立っています。新幹線で移動する際など、たとえ食事どきでも、駅弁や軽食を食べることはありません。なぜなら私にとって、移動時間は貴重な時間だからです。移動時間に食事を取ると、つい眠くなってしまうため、あえて取らないのです。普段電車で移動する際も、何もせずに〝ボーッ〟としていることはありません。メールマガジンを発行したり、仕事のメールやスケジュールを管理したりします。そのような時間が毎日三分間あったとしたら、一年間にすると相当な時間の節約、時間の有効活用につながるのです

また、明確な目標を持てば、物事の優先順位をしっかりつけることが出来るため、結果として、自分自身をきちんとコントロールして集中出来るようになります。

専門学校に通っていた頃は、友達に誘われても、一緒に飲みに行った記憶はほとんどありません。それは、決して遊びたいのを我慢していたわけではなく、新聞配達の方が優先順位が高かったため、飲みに行ってもその場を楽しむことが出来ない、という「欲望をコントロールする」力が働いていたのだと思います。

通常なら、人はどうしても楽しみのほうに流されてしまいがちです。しかし私は、恩師と運命的な出会いをし、その先生のようになることを目標に定めて集中出来ていたからこそ、気持ちが揺らぐことがなかったのだと思います。

大変なのは、本当にチャンスなのか？

人は大変な時ほど、大きく変われるチャンスに出会っていると言えます。しかし現実には、多くの人はそのことをあまり深く認識していません。渦中にある人は、その大変な時をただ辛いとしか思えなかったりします。

ここで、仕事でもスポーツでも趣味でも、何か賞を取ったり、成功したり、上達した時のことを振り返ってみてください。

たとえば私が学生時代に行なっていたテニス。

屋外に出ると暑かったり寒かったりします。それに、最初は球拾いや素振りしかさせてもらえず、あまり面白くないものです。

やがて、そのうちラリーが出来るようになって少しずつ成長はしていくものの、大変なことのほうが多くてほとんど楽しいことがない、と感じることもあるでしょう。

しかし、だんだんうまくなってきて、試合で優勝したり、上位に入るようになると、楽しくなってくるものです。これは、大変な時期を乗り越えて成長したがゆえに勝ち得た喜びなのです。

大変な状況を乗り越えることなく、優勝したり上位入賞を果たしたりということは、まずあり得ません。つまり、優勝や上位入賞の背景には、どんな人であっても大変な努力が隠れているのです。

〝大きく変わる＝大変〟です。

「大変」は文字が語っているように、「自分自身が大きく変わるチャンス」です。大きく変わるためには、やはり大変なのです。困難なことを、一回、二回と乗り越えていくと、苦痛の先には新しい発見や、次のレベルのステージが待っているのです。

現在成功している経営者は、その輝かしい地位を築くまでに、大変な状況を何度となく乗り越えて来た人ばかりです。

「大変な状況を乗り越えなければ成功はない」

これは、人生の一つの法則です。その大変なことを乗り越えてきた経験は、自信となって自らを支え、チャンスを掴《つか》むベースとなるのです。

大変な時、それを乗り越えれば新たなチャンスが見えてきます。自己がレベルアップするため、新たな人脈や交流も生まれ、さらに発展した形での成果を得ることも出来るようになるのです。

大変さを乗り越えるために

自分自身を追い込む環境をいかに上手に作るか。そうした環境が作れる人こそ、自分自身の才能を開花させることが出来るのです

自信をつけるための一つの方法が、自身を追い込んで「極限状態を味わう」ことです。たとえばホノルルマラソンです。四二・一九五キロの道のりを完走した選手たちが、目標を達成した喜びで涙を流すシーンをよく見ます。それは極限状態を味わい、感極《かんきわ》まって流す涙です。何かをやり遂《と》げたという経験で自信を得、さらにそれを繰り返していくことによって、自分自身の才能を開花させることが出来るのです。

もう一つの私自身の事例として、三日坊主だった私が、四年間も毎日携帯メールマガジンの配信を続けることによって、毎日のように文章を書くようになり、結果として本を何冊も出版出来るようになった、ということがあります。

私がメールセミナーとして携帯メールマガジンの配信を始めてからもう四年が経ちます。

最初の頃は、次はどんなテーマについて書こうか？ といつも頭を悩ませていました。しかし現在では、日頃から習慣にしているため難なく原稿を書くことが出来ます。

毎日三種類ものメールマガジンの配信を四年間も続けていると、私が自分のことを三日坊主で飽き性だと言っても、誰も信じてくれません。

物事を続けるにはコツがあるのです。

たとえば、三千文字もの長文のメールマガジンを続けようと思っても、それはなかなか難しいものです。ですから、まずは百文字程度で書いてみたり、私の場合で言えば、一つの骨格ストレッチだけを紹介するなど、簡単なことから始めました。

ポイントは、〝続けられることから始める〟ということです。

あなたも、「毎朝、笑顔で家族にあいさつをする」「夜十五分間読書をする」「毎朝、三分間、一日の目標を決める」など、まずは簡単で出来そうなことから始めてみてください。

その際、始めることを第三者に宣言することが大変さを乗り越えるためのコツです。人は約束を破ることには誰でも抵抗を感じるため、それをうまく利用するのです。

いつも他人からチェックされるような状況に自らを追い込めば、約束したことは続けざるを得なくなります。

私は二年前から、「一年に一冊は本を書く」と決め、セミナー受講生の前で宣言してきました。本を出すためには新しいネタや切り口が必要ですから、常にアイディアをストックしておかなければなりません。毎回違ったことを提案出来なければ、出版社にも読者にも飽きられてしまうからです。

絶えず自分自身がチャレンジしなければならない、という環境を作っているからこそ、年間三、四冊もの本を出し続けることが出来るのです。

成功するまで行動するための秘訣

夢と目標は違います。夢はなかなか手が届かないものですが、いかにそれを手に届く目標に変えていくかということが重要です。夢があったならば、それを一日、一週間、一ヶ月というように、小さなステップに区切っていくことで、夢が目標に変わります。

目標は、あくまでも実現するためのものですから、自分自身が置かれている状況に応じて見直していく必要があります。長期、中期、短期と三つぐらいの目標を立て、それらをうまく調整して軌道修正していけば、目標自体もより具体的になっていくはずです。

一方、なかなか手が届かない目標を立てると、モチベーションを下げるだけの結果に終わってしまうこともあります。

逆に、あまりにラクな目標を作ってしまうとすぐにクリア出来てしまうため、目標が目標の役割を果たしてくれません。現在の自分よりもワンランク上、一所懸命頑張って、やっと手が届くぐらいの目標設定が大切です。

もしあなたが経営者だったとすると、スタッフが目標を達成したら何かご褒美を与えるということも、彼らのモチベーションを高め、実績を上げるための仕組み作りの一つとなります。評価の基準としては、売り上げなどの数値が中心になりがちですが、業務を円滑に進めるために各スタッフが払った努力も、十分に考慮しなければなりません。数値的な側面と、数字には表れない貢献度の、どちらも公正に評価することが必要です。

目標は出来るだけ具体的に、強く覚悟を決めて設定しましょう。そして、その目標を達成した時のことを毎日強くイメージするのです。

そのためには、目標を書いた紙を普段から目に見えるところに貼ったり、ボールペンで何度も書いたり、声に出して読んだり、という習慣が必要です。

また目標は、常に持ち歩いて目にすることが出来るものに書いておくようにします。私は以前、日めくり手帳に毎日の目標を書いていましたが、最近では携帯電話のメールに入れるようになりました。携帯電話は常に持ち歩くものですし、目標を思いついた時、すぐに入力出来るため、とても便利です。

またその文章は、目標や目的を達成した後の状態を表現する過去形で記入し、達成出来たことへの感謝の文章を入れるようにします。こうすると、目標はより確実に達成しやすくなります。

前にもお話ししましたが、速《すみ》やかに目標を達成出来るようにするためには、「より多くの人に告知する」ことが重要です。「他人に約束した」という緊張感と責任感、そして言葉がパワーとなって行動につながっていきます。

それでもまだ行動に移すことが出来ないなら、絶えず目標を他人に言い続けましょう。自分が自分の中だけでした約束は破りやすくても、他人にした約束は信用にかかわるため、頑張って成し遂《なと》げようという動機づけになるからです。

私が毎日配信しているメールマガジンは、その最たるものです。読者がいるから毎日続けられる。自らを追い込む環境をつくることによって、人間は潜在的な力も含めて、百二十パーセントの力を発揮することが出来るものなのです。

言葉を吐く時に気をつけなければならないことは、マイナスの言葉を使わないことです。「吐」の字からマイナス（－）をとってみてください。「吐」から「一」を取ると「叶」になります。「叶」という字は、「プラス思考が夢を叶えてくれる」と証明してくれているのです。

これは大人も同じです。結局人間は、自分の意思で行動して失敗し、そこから教訓を学び取っていかなければ、成長を続けることは出来ないのです。

失敗は成功のヒント。自分への気づきでもあるのです。

失敗したら、次はそうならないように自分の行動を修正すればいい。それでも何度も同じ失敗を繰り返してしまうようなら、それは自分には向いていないということを示しているのかもしれません。

また、「やってみる」と「知っている」は異なります。社会に出て実際に働き出してみると、世の中の現実と学校で学んだこと、教科書や参考書で学んだことの間には大きな違いがあることがわかります。実社会で経験したことは、必ず自分の身になっていきます。

そして、実際に経験したことは、他人に教えられるようになります。自分の経験を思い起こして話すだけでいいのです。その内容に説得力や独自性があれば、雑誌の取材依頼が来たり、セミナーなどを開催することも出来るようになっていきます。

楽しく無理なく継続出来るコツ

継続することが非常に重要なことだと頭で分かっていても、なかなか〝続ける〟ことができない方も多いと思います。

そこで、「どんなに大変なことでも、続けさえすれば苦痛の先には喜びがある」ということが分かっているのになかなか続けられない方へ、こんな提案はいかがでしょうか。

物事を続けるにはやはり〝コツ〟があるのです。

その中の大きなポイントの一つ、それは〝楽しむこと〟です。

〝続けること〟の随所に〝楽しむこと〟を細かく織り込んでみてください。

例えば、

〝続けること〟で〝変化を楽しめる〟

〝続けること〟で〝反応を楽しめる〟

〝続けること〟で〝稼ぎを楽しめる〟
〝続けること〟で〝進化を楽しめる〟
〝続けること〟で〝成長を楽しめる〟
〝続けること〟で〝喜びを楽しめる〟
〝続けること〟で〝遊びを楽しめる〟
〝続けること〟で〝学びを楽しめる〟
〝続けること〟で〝サプライズを楽しめる〟
〝続けること〟で〝双方向を楽しめる〟
〝続けること〟で〝お客の声を楽しめる〟
〝続けること〟で〝会話を楽しめる〟
〝続けること〟で〝お客の反応を楽しめる〟
〝続けること〟で〝当たり前を楽しめる〟
〝続けること〟で〝ちょっとしたことを楽しめる〟

こういった感じです。ここで二つの〝楽しめること〟の事例をピックアップします。
先ほども例としてあげましたように、私は四年間も毎日携帯メールマガジンの配信を続けていますが、これは、次のような〝楽しめること〟を意識しています。

〝続けること〟で〝メルマガ読者数の変化を楽しめる〟
〝続けること〟で〝読者の反応を楽しめる〟
〝続けること〟に〝ビジネスをつなげて稼ぎを楽しめる〟
〝続けること〟で〝スキルアップの成長を楽しめる〟
〝続けること〟で〝お客様の喜びを楽しめる〟

また、四年前から、「一年に一冊は本を書く」と決め、本を出し続けていますが、これは、

〝続けること〟で〝自分の環境の変化を楽しめる〟
〝続けること〟で〝人の反応を楽しめる〟

〝続けること〟で〝自己成長を楽しめる〟
〝続けること〟で〝出版にまつわる学びを楽しめる〟
〝続けること〟で〝人の表情のサプライズを楽しめる〟

こんなふうに考えているのです。こんなことを参考にアレンジして、あなた自身の〝続ける〟を楽しく無理なく実践していただければと思います。

第八章　チームプロデューサーズ軍団を作る

丸山純孝

出来ないということを知る

能力が高かったり、いろいろなことが出来る人ほど、一つ悪い癖をもっています。
それはすべてのことを自分だけでやろうとしてしまうこと。

というのは、「他の人を巻き込んで手伝ってもらう手間をかけるよりも自分がやったほうが早い！」と思ってしまうからに他なりません。

そして短期的に見ると、その判断が正しいこともよくあります。任せるということはイコール最初に教えないといけませんから、自分がやるよりも遙《はる》かに手間がかかります。

しかも、自分が「デキル」と思っていると、よりイライラしてしまうのではないでしょうか……。

ところが、いつか「すべてを自分でやることは出来ない」ということに気がつく時がきます。

第四章でもリカードの比較優位論を例に取り上げましたが、自分ですべてをやってしま

う と自分の「力」しか使うことが出来ませんが、他の人にチームに入ってもらってお手伝いをしていただくと……チームとして出来ることはどんどんと広がっていきます。

私も比較的いろいろなことが出来てしまうたちだったため、ビジネスを始めた頃はすべての作業を自分一人でやっていました。

ところが……ありがたいことにお客様がどんどん増えてくると、一人しかいませんから時間がどんどんと費やされてしまって、結果的にギブアップ寸前になってしまいました。

恵まれていることに、その状態から一緒に手伝ってくださる方を見つけることが出来てなんとか業務が破綻《はたん》せずにすみましたが、今となってみれば「痛い目」を見そうになって初めて、全部を自分でやることは出来ないということに気づいたのです。

インターネットの発達とともに、個人で起業しよう、SOHOで活動しようという人が増えているのですが、これらは決して「すべてを一人でまかなう」ということではありません。

このことは、『ひとりで儲ける時代』(日新報道)を著書に持ち、二年間で四十七社のオーナ

ーとなった天野雅博氏が、その著書の中で、

一人で儲けるということは、「一匹狼で儲ける」わけではない。（中略）そこに集まる一騎当千の商人たちが社会を活性化させるのだ。こうした集団を形成出来てこそ、一人で儲けることが可能になる。

と述べられています。

一人一人が自立していて初めて、チームを組んだ時にうまくいく、ということですね。そんなチームになれば、一人でやっていると一年かかるような仕事が、六人いれば六分の一の二ヶ月ではなく、一ヶ月とかに加速して出来てしまうことだってあります。

また、一人ですべてをやっている時の最大の問題は「強制力が働かない」ということ。誰の監視も制限もありませんから、自分が決めないと締め切りがありません。

サラリーマンをやめてフリーになったら、とたんに朝が弱くなったという事例を何人もの人から聞いています。

ところが、チームでビジネスをしていこうとすると、お互いに相手に迷惑をかけてはいけないと「仕組み」としての強制力が働きます。

実は本著の執筆がまさにそのパターンで、通常であれば数ヶ月かかる執筆作業が実質一ヶ月もかからずに出来たのは、締め切りを設定して、お互いにその日付を守ろう！という強い意志が働く「仕組み」があったためだ、と考えているのは私だけではないはずです。

一人で起業した起業家が、このようなチームでの取り組みを出来るようになるには、私の経験からもお話ししたように、「出来ないことを知る」という儀式を通過したあとのことになりがちなのですが、このことを知っていただくことによって、少しでも多くの人が儀式を通過することなく、チームでの取り組みを出来るようになれば幸いです。

チームの作り方はどっちが正しい？

さて、そんなメンバー全員にメリットが生まれるチーム作り。ここからは、どのようにして、メンバーを探してチーム作りあげていけばいいのか？という本章のメインテーマに入っていきます。

チームを作るには、自分以外のメンバーにどうにかして集まってもらわないといけません。このチーム作りの段階において、二つの方法が考えられます。

＊この指とまれ！とこちらから手を挙げる。

＊メンバー候補の話をまず聞く。

どちらも、チーム作りの過程において定石《じょうせき》とも言える方法ですが、果たしてどちらが正しいのでしょうか？

と、二元論にはまってはいけません。実はどちらも正しく、自らの置かれている環境によって使い分ける必要があるのです。

例えば「この指止まれ」方式。特にリーダーになりそうな人がよく使う方法です。初めにチームの目標となる理念・概念を示して、賛同する人に集まってもらう方式ですが、この方法にはある前提条件が必要だと思っています。それは「自分のことを相手がよく知っているかどうか」です。

すでにその人のことをよく知っているとか、会ったことはなくても著書やブログなどの情報発信によって、その人の人となりをある程度はわかっていただいている場合、「この指止まれ！」と手を挙げることで、その人への信頼を元に、その理念・概念に共感してくれたメンバー候補が集まってくださいます。

私が最初に立ち上げたスモールビジネスはまさにこのパターンで、自らが個人的趣味で書いていたメールマガジンで、手伝ってくださる方を募集していきました。長い間メルマガを読んでくださっている読者さんから募集させていただいた結果、すでに私のことを知っている方が集まってくださったため、相性のよい方が来てくださり、事業の立ち上げ時期に非常に助かりました。

ところが……これは「私のことをよく知らない」方に対しては駄目な方法です。というのは、こちらに対する「信頼」がまだ確立されていませんから、「この指止まれ！」と手を挙げても、誰も集まってくれない可能性があります。

ですから、その場合はもう一つの方法、「まず話を聞く」から始めてみるべきなのです。

何らかの出会いがあって、あなたにとって相手が「メンバー候補だな」と感じたのであれば、まず相手の「ニーズ」は何だろう？と相手の話をきちんと聞きます。

「人は耳が二つあって口は一つしかないのに、聞くよりも話すことを好む」と言われますが、自分が話している方が気持ちいい！という場合が非常に多いです。

これは非常にお得な話で、相手からどんどん自分が知らないことを「教えてもらえる」場でもあります。であるならば、まずは気持ちよくどんどん教えてもらう。その中から「私だったら、それに対して何が出来るだろうか？」ということを考えてみるのです。すると……もしかしたら何らかのアイディアが生まれてくるかもしれません。その時に初めて「相手のニーズを満たす」提案をしてみたらどうでしょう？

ニーズが満たされるわけですから、断る理由はほとんどありません。たとえば他に義理があって、そちらを優先しなければいけない場合には駄目ですが、それでも好意的に受け止められるはずです。「私のことを尊重してくれた」と。

「聞く力が大事」とはよく言われることですが、これはチーム作りでもまったく同じなのです。

まず相手のニーズを聞くというのは、会食する際にも有効な方法としてよく使われます。では具体的な何か共通点や協力出来ることが見つからなかった時に、「いつか」「機会があれば」という言葉は禁句なのでしょうか？　よく、これらの言葉は「次なんてやってこないから駄目だよ」と言われますよね。

実際、交流会やセミナーで出会った初対面の方と名刺交換をして、「いつかご飯でも」と言っていた場合、実現する確率はかなり低いです。お互いに「本気」ではないからです。ところが、「メンバー候補」かなとこちらが考え、相手の方もこちらに対して悪い印象を持たなかった場合には……この「いつか」ということが結実することがよくあります。

私自身の例で言えば、交流会やセミナーで「この人は」と思った方とは、後日よく会食をします。その方々と実際にすぐにビジネスの話になる確率は……今回の執筆を機会に数値化してみるとたぶん三パーセント以下でしょう。

ところが……出会ってから何度か会食したりセミナーでばったり会ったりしているうちに、どこかのタイミングで意気投合してビジネスパートナーになっている事例が結構あります。

これも、最初はなかった「信頼」が徐々に積み重なっていって、あるタイミングでお互いにとってよいアイディアが生まれて「がっちゃんこ」とくっついたと言えます。

こうやって考えたときに、チーム作りの基本になるのは「お互いの信頼」です。当然のことではありますが、この部分を忘れて「メリット」に目がくらんでチームを作ると、後で痛い目を見ることになるのです。

最初にこれだけは決めておこう

さて、こうやって最初の器が出来あがった「チーム」。一人でやるよりも、スピードが早く、成果が大きくなるようにと動き出すわけですが、ちょっと待った。動き出す前に是非決めておいて欲しいことが二つあります。

それはこの二つ。

＊このチームの動く理由は何か？

＊どんな条件が発生したらプロジェクトをやめるのか。

一つめの「動く理由」とは、どういうことかというと、ビジネスベースなのか、遊びベースなのか、それともボランティアベースなのか、ということをあらかじめ決めておくことが、チームメンバーの意識の乖離《かいり》を防ぐ意味でよいということです。

この三つの違いは、その活動によって「お金というリターン」が発生するかどうかです。

プロジェクトは立ち上げ当初からうまくいくことはまずありません。最初はどうしても潜伏期間があります。その時に、ビジネスベースの場合には、当面はお金が発生しなくても将来的にはリターンが戻ってくると思ってメンバーは活動します。

ところが「遊び」だと思っている場合には、普通はお金を使って遊ぶわけですから、リターンが返ってくればラッキー！（ギャンブルのように）くらいの意識で行動しますよね。

そしてボランティアベースの場合には、最初からお金というリターンを期待せずに、「体験」「喜んでもらうこと」というリターンが期待としてあるわけです。

このように、プロジェクトの「動く理由」によってメンバーが期待するリターンが大きく異なるわけですが、この理由の合意がとれていないと問題が起こることは明白です。スタートの段階からつまづいては何にもなりませんからね。

逆にいったん始めたプロジェクトが、絶対にうまくいくとは限りません。であるならば、「どのくらい悪化したらやめるか」というところもきちんと議論しておく必要があります。企業による新規事業への参入であれば、「○○年以内に黒字化しなければ撤退」という明確なルールが決まっているところが多く、このルールがある企業はずるずるといつまでも続けることはありません。しかし、個人によるチームの場合、撤退のルールがはっきりしていないといつまでたってもやめることが出来ず、傷が深くなってしまう可能性がありま す。

正直この「撤退のルール」は、始めた当初の理想に燃えている段階ではなかなか決められません。いつになったらうまく行くかわかりませんから、「時間」によるルールの制限は難しいものがあります。ですから数字で決められないのであれば、「共同で出資しているメンバーが出資出来なくなれば撤退する」「決定権者を決めておいて判断に従う」などの定性的《ていせいてき》なルールであっても、ないよりははるかにましです。

この二つのルールを共に、あらかじめ決めておくべきであることを主張しているのは、揉《も》めてしまってからでは遅いからです。

希望に燃えているスタートの段階であれば、亀裂《きれつ》も軋轢《あつれき》もありませんから、このような決めづらいルールを決めるタイミングとしては最高で、あとは時間が経《た》つにつれてどんどん決めにくくなっていきます。

あげくに、最後に空中分解してしまっては、せっかくのチームを何のためにつくるのかわからなくなってしまいますよね。

「1＋1＝10」にするためにはこうやって分担する

さて、無事に船出をした「音速成功」するためのチーム。

メンバーがいて、それぞれの得意分野が異なるわけですから、役割分担が必要になります。その分担をどのようにして、それをどのように捉えるかによって、音速になるか、鈍速になるかが決まります。

まずは、リーダーの定義です。チームですからリーダーは必要になりますが、「リーダーは偉いわけではなく役割」であるということを決して忘れてはいけません。人間的に出来た人で、年長者であるから敬《うやま》うという道徳的な部分と、「リーダー」という役割は一致しないのです。リーダーはチームがうまく動くための「ファシリテイター」の役割だと私は思っています。

日本において、たとえば企業の社長。従業員からすると「偉い立場」であると理解し、また規模が大きくなればなるほど、社長自身もそう思っているかもしれません。オーナー社長であれば、自らの資金と時間を投下してリスクもとっているわけですから、ある意味真実味を含む分析ではあります。しかし、「チーム」という視点からはリーダーだからといって偉いわけではないことを忘れてはいけません。ファシリテイターの能力が高いからその役割を分担しているだけですから。

そしてその他の領域については、基本的には「その領域を得意とする」人に任せるというのが基本ルールです。当たり前ですよね？　得意なところ同士を組み合わせるためにチームにしたのですから、これをしないことには全く意味がありません。

しかし……一つ注意してください。それは「不可侵聖域」を作らないこと。

いくら得意なことだからといって、お互いがやっていることが全くわからないということはチームにとって良いことではないと私は思っています。というのは、やっていることがわからないということは、その人に百パーセント頼っているということに他なりません。相手に完全に「寄りかかっている」関係は正常だと思いますか？　もちろん不得意なことですから自分が代わってやるというところまで考慮する必要はありませんが、やっていることが万が一、全くわからないとしたら、改善方法の提案も素人レベルですらすることが出来ず、せっかくチームでいるのにブレインストーミングすら出来ないことになってしまいます。

それは、得意なことをやっているメンバーにとっても、とても不幸なことです。自分一人では気がつくことが出来ない、よりよい改善を行なうためのパートナーがいないということですから。「三人寄れば文殊の知恵」と言いますが、一人で試行錯誤しているよりも信頼出来るチームメンバー同士でわいわいと議論を戦わせられる方がよいと思いませんか？

議論をしてお互いに高め合うことで「1＋1＝10」が実現出来るのです。

第九章　仕事や事業を音速で飛び級する

三橋泰介

出版すると人脈が一〇〇〇倍になる

私は、二〇〇八年十一月に『話術！　虎の穴——現役アナウンサーが明かすトークのネタ帖』（源）という本を出版いたしました。様々な出会いに恵まれ、夢であった出版が現実のものになりました。サラリーマンでありながらどうして出版することが出来たのかということについては後ほどたっぷりご紹介するとして、まず本を出す効果について書いていきたいと思います。

年間百五十冊ほど本を読む私。大好きな本を出す側にならせていただいたことは、大きな転機となりました。人生が変わりました。はっきり言います。大げさではなく、商業出版を経験すると「人脈は一〇〇〇倍」になります。

実際、こうして共著という形でこのチームで本を出版させていただく機会に恵まれたのも、私が「本を出している人間」だからだと思います。本を出すということは、大きな客観的評価を得られたこととイコールなのです。

出版というのは、著者がいて、編集者の方がいて、本を売りこむ営業の方がいて、装丁のデザイナーの方がいて、そして書店の担当者の方がいます。様々な人が携《たずさ》わる、大事業なのです。ですから、「本を出したい！」「はい、どうぞ」とはいきません。様々な人の目に通され審査されながら世の中の皆さんの目に触れるものですから、客観的評価が高いものなのです。

（商業出版ではなく自費出版という手もありますが、基本的に自費出版はお金さえ払えば本という形を作れるため、編集者のチェックもほとんど入りませんし、当然のことながら全国の書店に並ぶことはありませんので、客観的評価はなくインパクトは薄くなります）

出版した後、人脈が爆発的に増えた理由に、「ビジネス作家同士のパーティ」に呼んでいただく機会が増えたことがあげられます。ビジネス書を書いていらっしゃる方というのは、何かを成し遂げた人ばかり！　すごい人のオンパレードです。この本を一緒に書かせていただいているサニー久永さんこと久永陽介さんは、北京五輪の体操チームに帯同したトレーナーであり、ストレッチ技術を広めているセミナー講師でもいらっしゃいます。私が普通に生きていたら決して出会うことのなかったスゴイ人です。そんな方と出会え、こうやってご一緒させていただいているのも、「出版したもの同士」という共通点があるからなのです。

一流の方とお話し出来るのは本当に刺激的で、「自分も頑張らねば！」とビジネス作家の方にお会いするたびに思います。

そして出版のもう一つの威力は、「強力な名刺ができる」ということです。私は出版する前、個人名刺を作り、似顔絵を刷り、なんとか目立つような努力をしておりました。今現在もその名刺は活用していますが、出版してからは「本をプレゼントすること」が名刺代わりになりました。私の本を読んでいただければ（名刺を見るよりもかなりの時間を費やしていただく必要がありますが）私のことをよりよく知っていただけるのです。

もう一つ、本を書く、もっと言えば自分の仕事に関することを文章にするということは、「新たな自分の発見」につながります。先ほどもお伝えしたように、出版にはまず編集者の方との打ち合わせがあり、原稿をチェックしていただきます。そのやりとりの中で「三橋さん、○○については書けますか？」と聞かれ、「○○!?……考えたことなかったですね。それはですね……」と、自分の業界だけにいると見逃しがちな「価値あるもの」を見つけていただけることがあるのです。
私の最初の本に関しては「アナウンサーってテレビに出ていない時は何をしているんですか？　ちょっとコラムで書けますか？」と編集者の方に言われました。「そうか。他の業界の方から見ると、そんなことが興味あることなのか」と思いました。（実際に、アナウンサーがテレビに出ていない時は会議をしたり、取材をしたり、原稿を書いたり、と放送に対する準備に費やされることがほとんどです）
編集者の方とのやりとりで「自分の売り」「ブランドの確立」のさらなる「音速成功」が達成出来ると思います。しかも理路整然とそれを説明する必要がありますから、感覚で行なってきた自分の仕事が文章にまとめることで体系化され、さらに強化されるのです。出版にはそういった効果もあります。

「そんなの誰でも出来ることじゃないよ！」と言われるかもしれません。もちろん簡単とは言いません。ですが、実際に出してみると、不思議なぐらい苦労せずに出版にこぎつけられました。私は企画書を百社に送ったりもしていませんし、出版社にコネクションもありませんでした。でも、地方局のイチ・アナウンサーが出版し、結果、アマゾン総合三位まで売り上げることが出来たのです。

サラリーマンが出版する方法

「いつか私も本を出せたらいいな」と何となく思い続けていた私。ただ、どうやっていいのか全くわからず、「サラリーマンが出版する本」「出版のための企画書の書き方」などどの本を読み、う〜んと唸《うな》っていました。それらの本には「手当たり次第、出版社に企画書を送る。もしくは持ち込む」「賞レースに応募し、佳作以上を取る」などが書かれていましたが、どれも現実的ではありませんでした。

結局、私は企画書を送りまくってもいませんし、賞も取っていません。でも出版出来ました。なぜか？

結果的に言えば、偶然の出会いでした。でも、がっかりしないでください。この「偶然」は、皆さんでも絶対に作れる「偶然」です。私にとっての「偶然」は『話術！虎の穴』を出版させていただいた出版社のSさんという編集者との出会いでした。

Sさんと出会ったのは二〇〇七年の十月。東京都内で開かれた速読セミナーでした。三十人ほどのそのクラスは、丸二日間にわたって速読の技術をみっちり習うというハードなもので、二日間、ヘロヘロになりながら通った覚えがあります。そのセミナーで全員が自己紹介をしたあと、話しかけてくれたのがSさんだったのです。私がマスコミに所属しているということを自己紹介で気に留めてくれたSさんは「私もマスコミです。出版社に勤めています」と名刺をくれたのです。これがSさんとの初めての出会いでした。

「本を出したい！」と思っていた私にとって、編集者の方は夢を実現してくれるスーパーマン！　即行動の原理で「飲みに行きましょう！」と誘いました。(笑)　ヘロヘロになるようなセミナーに丸二日一緒に出ていた二人ですから、即意気投合。新宿で飲み明かした夜は今も忘れられません。

その時、おもむろに私は鞄の中から「あるレジュメ」を出しました。ちょうど飲み会を行なう前の週に、私は社内で勉強会をしていました。テーマは「フリートーク」。二〇〇八年時点でアナウンサーとして十年目を迎えようとしていた私は、後輩たちを十人ほど集めて勉強会を主催したのです。その時に作成したレジュメでした。それをSさんに「先週、こんなことしたんですよ」とお渡ししたのです。

するとSさんは、「これは本になりますよ! 一般の営業マンとか接客業向けに書けませんか?」と一言。その後テンションの上がった私は、帰宅後すぐに「目次」と「まえがき」、そして五ページほど本編を書き、Sさんのメールに送信。Sさんの出版社の会議の結果、出版が決まったのです。


ここで私が皆さんにお伝えしたい「出版するための方法」は大きく二つです。

まず「出版社の方と出会う」ということです。私の場合は、速読セミナーでしたが、もっと確実に会えるものがあります。それは、本の出版記念パーティです。「○○さん出版記念パーティ」というのは、かなり頻繁《ひんぱん》に行なわれています。ビジネス作家デビューとなる社長さんやビジネスマンは、初めての本を出す場合は大抵「出版記念パーティ」を行なうはずです。しかもほとんどの場合、一般参加も可能です。参加費は五千円~一万五千円前後と、時には高額になることもありますが、そのパーティに参加すれば当然編集者の方がいます。出版記念パーティですから、その本を編集した編集者がいるのは当たり前ですよね？　さらに、そういったパーティには他の出版社の編集者やビジネス作家が出席していることがほとんどです。

先ほども書いた通り、ビジネス作家の友だちはビジネス作家ですし、編集者の友達は編集者なのです。ですからそのパーティに出席し、まずは編集者と知り合い、そして飲みにいけるぐらい仲良くなりましょう。「出版のために近づくなんて、何かビジネスライクでイヤだな……」と思われるかもしれませんが、基本的に編集者の方も新しい作家を探しています。「今まで世に出ていなかったユニークな人が書く、新しい本を作ろう！」という気持ちで燃えています。ですから「本を出そうと思っているのです」と素直に伝えて、仲良くなりましょう。

もう一つの大きなポイントは、私が飲み会中にカバンから出した「レジュメ」です。私の場合は用意していたわけではありませんでしたが、出来ればいつも「出版のための企画書」をカバンの中に入れておきましょう。十部ぐらい、常に、です。前述のようなパーティに出席し、意気投合したとしても、すぐ見せられる「企画書」が手元にないとどうしようもありません。このチャンスを掴むための準備が「企画書を常備すること」なのです。

「企画書を百社に送りましょう！」という行動との一番の違いは何か？　ずばり「読んでもらえるかどうか」です。持ち込みにしろ、送付にしろ、常に出版社には「企画書」が山積みだそうです。でも、基本的に読まれない。悲しいですがこれは現実です。もっと言えば、芸能人や有名社長ならいざ知らず、サラリーマンに対して「ぜひ出版しませんか？」と声をかけられることは、ほとんどあり得ません。しかし、パーティで個人的に編集者と仲良くなり直接その場で企画書を渡すとしたらどうでしょうか？　ポイっと捨てるはずがありません。少なくとも、パラパラと内容を読んでくれるはずです。

それが即出版！とはならないかもしれませんが、アドバイスは確実にもらえるはずです。「○○さんなら、もっとこういう話題を書いたらいいのでは？」「こういうふうに書き直せます？」と。こういったアドバイスを受けるだけでも大きく出版に近づくと思いませんか？

「出版企画書をどんな内容にすればいいのかわからない……」という方に一つヒントを。

世の中に出版される本というのは「他者にとって、プラスになるもの」で「珍しいもの」であれば、なお良いわけです。

それを探す方法は、「異業種の方から質問を受けて「え？ それって知らないことなの？」」と思ったことを羅列《られつ》することです。私の場合は「普段アナウンサーは何をしてるの？」「良い声を出す訓練方法って何？」「普段はどんな番組を見てるの？」「やっぱりニュース中は緊張するの？」などなどです。あなたも、よく聞かれる質問というものがあるはずです。それが「企画書」のヒントになります。

そして自分の「珍しい点」を見つけ出すこと。私の場合は「デパートマンからアナウンサーに転身した」ということです。「普通のサラリーマン」とよく表現されますが、あなたの人生を振り返れば、必ず特異な経験・体験をしているはずです。それを見つけ出し、企画書に落とし込むことが大切です。

組み合わせる、というのも一つの方法です。例えば「銀行マン」でありながら「ロッククライミング暦十年」であるとか、「料理人」でありながら「ハーレーマニア」とか。なかなか自分では気づかないかもしれませんが、振り幅が大きい自分の特徴をピックアップすることが、出版への大きなポイントになると思います。

結論としては、サラリーマンが出版するには「編集者が来るであろうパーティに出席し友達になる」、そして「常にカバンの中に十部、企画書を入れておく」ということです。出版したいと思っている方は、ぜひ実践してみてください。

第十章　チームで可能性を広げよう！　（座談会）

チームはどうやって作られるのか

三橋　皆さん、こんにちは。
司会を務めます、東北放送の三橋です。
まず、このメンバーが集まった経緯について、浜田さんからお話いただきたいんですが。

浜田　実は、私、五十一歳なんですが、私以外のメンバーは、みんな若いんです。しかし、それぞれに自分自身を確立し、素晴らしいものを持っています。明治維新をつくった方たちというのは、平均年齢三十二歳という若さで太平洋を横断したわけですが、今回のメンバーたちにも明治維新のような可能性を感じて、一緒にプロジェクトを組めたらいいなと思って声をかけました。

三橋　それが、本になったわけですが……

浜田　みんなが「賛成」って言ったので、全員でやることにしたわけです。

三橋　そのメンバーに加わっていただいたのが、そうそうたるメンバーなんですが、まず、久永さん、声がかかった時は、いかがでしたか？

久永　これは、やるしかないなと思いました。通常の非常識を常識に変えていきたいな、と。みんなが出来ないことをやることに、我々の存在意義があると思います。私の創造を覆《くつがえ》すような、私の固定概念を打ち破ってくれるようなメンバーがそろったので、非常に楽しみだなと思っています。

三橋　ネット界からは、丸山さんが参加されています。丸山さん、この話を初めて聞いた時の印象は？

丸山　私は、常に新しいことをやりたいなと思っているので、今までやったことがない業界の人と何かやるというのは楽しいな、と思って参加しました。同じ業界の人と高め合うことも出来るんですが、違う業界の方から学ぶこともたくさんありますよね。
さらにメンバーにお会いしたら、全く違う人ばかり集まっているので、すごくいいなと思ったわけです。

三橋 続いて本多さん、どうでしたか？　この話をもらった時は。

本多 正直言って、私は実績があるような立場ではないので、このお話をいただいた時は、「いいんですか？」と思ったのが、正直なところです。ただ、皆さんとかかわっていくことによって自分の周りに起こっている変化というのが、すごく体感出来ていて、これを、より多くの人に感じてもらえたら、すごくいいんじゃないかなと思っています。

三橋　浜田さん、本多さんを選ばれたのは？

浜田　やっぱり目が輝いていますよね？　キラキラしていますよね？　話をする時に生き生きとしていますよね。だから、ぜひ、メンバーに加わって欲しいなと思いました。

三橋　そして、日本酒のプロ、吉村さん、こんにちは。この話を聞いた時は、どうでしたか？

吉村　私、日本酒のプロというわけではないんですけれど（笑）、造り酒屋をやっています。
正直、本を作ることに関しては何も分かりません。セミナーに関しても、やったこともないですし、何の知識もないままやらせてもらっていますけれど、それが酒業界だったり、自分のことにつながればいいなと思っています。

異業種と組むということ

三橋 日本酒を造っている方で、本を出している方は多いんですか？

吉村 いますけれど、造りの本が多いですね。

三橋 こういう異業種の方と組んで本を出すというのはありますか？

吉村 あまりないですね。実は、皆さんが知っていらっしゃる通り、酒業界っていうのは古くからあるんですが、特にバブル期、他の業種に手を出したところって大体、潰れているんですよ。

みんな （苦笑）

吉村　でも今回は、〝他の業種に手を出す〟というのではなくって、ただ単につくるっていうことなんですよね。僕も文章の中に書いたんですけれど、つくりをやることが主体で、これはそれに付随した話だと。楽しく、話を出来ればいいですし、他の人の話も聞ければいい。あとは、酒飲みなので、楽しければいいなと思っています。

三橋　浜田さん、異業種に手を出すんじゃなくて、手を組むということですから、違いますよね？

浜田　まったく違います。それぞれ分担が違うし、分野が違うし、専門性が違います。それぞれのプロですから、新しいカタチの異業種交流だと思うんですよ。人が集まっても、「何かしましょう」って話だけで終わることが多いじゃないですか、我々は、それを越えてチームとして形を作っていくとどうなるかということを実践していこうということなんです。さらに、実績があって、本にするのがホントなんだけれど、先に本を出してやっていこうという新しい考え方なんですよね。

三橋　久永さんは、異業種の方と一緒にセミナーをやったり、カイロプラクティックのプロでありながら、携帯メールのブランディングをされたりとか、いろんな業種を組んでやっていらっしゃいますけれど、異業種と組む、作る魅力ってありますか？

久永　大きな魅力が二点ありまして、一つ目は、自分のことを客観的に見れること。二つ目は、自分自身の強みに気づかされることです。そして、自分の業界にない部分を新たに聞くことによって、それをうまくカスタマイズして取り入れることが、進歩発展の部分なんですよね。
そんなことで、このチームで物事を一つクリアすると、自分自身が飛躍するための、すごく大きい要素を学ぶ、気づくということになると思うんです。

三橋　丸山さん、あえて、異業種の人と組むと面白いですよね？

丸山　面白いですよね。久永さんがおっしゃったように、その業界で普通だと思っていたことが、外に出ると違うじゃないですか。その業界の常識がまったく通じなくて、言葉も伝わらない。それをどうやって伝えるか？という視点が出てきて、その点も非常にいいと思いますね。

このチームでできること

三橋　このメンバーが集まったことで、どういう可能性が見えてくると思いますか？

丸山　もともと私はネット専門で、リアルにやるというのは最近始めたばかりなのですが、ここには、リアルで集客をしたり、モノをつくって感動させるプロもいらっしゃるので、そこをくっつけると、もっと面白いものが出来るのではないかなぁという印象があります。

三橋 それは、決して一人じゃ出来ない？

丸山 そうですね。一人だと、時間がかかる。その間に世の中が変わっていて、自分がやっているものは何だったんだろう？というふうになってしまうので、一緒に早くやっていったほうがいいと思っています。チームでやるメリットとしてスピードというのを、一番感じますね。

浜田 メンバーが集まった時、三橋さんはどんな印象を受けました？

三橋 私としては、メンバーが面白いと思いました。

「マスコミにいると、いろんな人と出会えるでしょ」とよく言われるんですが、こちらは一方的に取材して聞くだけなんですよね。確かにいろんな人と広く浅く会えるんですけれど、実は、知り合いもマスコミだけだったり、それこそ、女子アナの結婚相手は、ディレクター、カメラマン、アナウンサーなんですよ。そもそも、一般のサラリーマンと出会わないんですよね。一緒に遊びに行くこともありません。ですから、こういう異業種の皆さんとマスコミのアナウンサーが出会っていることも実は、かなり異例です。アナウンサーって、一見いろんな人に会えている業界に見えても、実は狭い世界なんです。だから、刺激的な集まりだなと思いましたね。

皆さんとはプライベートでもお付き合いがありますけれど、それは、こういう楽しいメンバーが集まったからこそだと思います。

異業種チームが固定概念を打ち破る

三橋　これからやることということで、リアルな集客のプロの本多さん、いろんな想像が出来ると思うんですが、いかがでしょうか？

本多　そうですね、私はどこまでつきつめても人と人との関係が大切だなぁ、と思っていますし、人が好きなので、たくさんの人が集まるような企画をどんどん出していきたいと思います。メンバーが、それぞれ得意の持ち場を生かして、来てくれた方に価値を提供出来るようなものをやれば、おのずと発展していくのではないかなと思いますね。

たとえば、セミナーですとか、パーティですとか、ビジネスのジョイント企画だったりとか、いろいろ出来ると思うんです。そういうアイディアも、久永さんが得意だと思うんですけれど。

久永　このご時勢ですので、「なかなかうまくいかない」と、皆さんそれぞれの業界で孤軍奮闘していらっしゃるんですが、実は業界の固定概念に縛られていることすら、気づかないケースが多いんですよね。

そういう話をお聞きして、いろんなシェアをし、なおかつ気づいていただき、ジョイントで、我々がアイディアを出しつつ、行動もしましょう、一緒に提案し、一緒に活動しましょうという、きっかけ作りが出来ると思います。我々も学び、ご提案する方々にも気づいていただき、各分野で違った取り組みや、違った発想が、そして行動が出来ると思うんですよね。

三橋　コンサルティング＋行動みたいな感じですかね？

久永　そうです。ですから、具体的に一言では言い表せないですけれど、いっぱい可能性がありますよね。業界の固定概念を破るカタチで出来ると思いますね。

三橋　日本酒業界もけっこう古風な業界と想像するんですが、実際にはどうですか？

吉村　固定概念の塊ですよ。しかも、全然外に出ていかない。さっき出会いの話をお聞きしましたけど、日本酒業界の上の世代は八割くらいお見合いです。さすがにオレたちの世代では少ないですけれど、他の業界に比べたら、お見合いは多いと思います。昔は、今みたいに営業は必要なくって、人と接する必要もなかったんですよ。

浜田 黙っていても、売れていた時代があったということ？

吉村 そうですね。昔は、隣の蔵の酒なんか、ライバルですから飲まなかったですけれど、今はみんなで飲んでいます。組合でイベントするということが増えてきていて、業界として、みんなで何かをやるということも増えてきているし、組合として海外でやることも増えてきたので、この業種も新しい時代になってきているような気がします。

浜田 そういう意味では、吉村さんが日本酒業界を変えてしまうようなことがあるかもしれない。
他の蔵元の方は異業種とチームを組むなんていうことは、やってらっしゃらないわけですものね？

吉村 こういうメンバーが集まって何かをやるというのは、少ないと思いますね。

丸山 我々は、それぞれ違った分野から集まったわけですけれど、超有名っていうわけじゃないじゃないですか。プロなんだけれども、例えば「マイクロソフトとすごく有名なところが一緒にくっついてやります」っていうのとは違う。今回のこの試みは、ある程度個人で頑張っている人たちがコラボしたら何が出来るんだろう？という一つのモデルケースになると思うんですよね。本を読んでくださった方、音声を聞いてくださった方が、「あ、こいつらがこういうことが出来るんだったら、俺たちもこういうことが出来るかも？」っていうふうに思ってもらえると楽しいですね。もし失敗したとしても、赤裸々《せきらら》に公開すれば、こうしたらいけないというのが分かるわけじゃないですか。モデルケースなんで、そのままを見てもらえればいいのかなぁと思います。

年齢を超えた可能性

浜田 この中では、私が一番年上ですけれど、五十歳にして若い仲間と何か出来ることは、すごくエキサイティングですよ。こういうことは滅多にないと思いますね。

三橋 そういう意味では、五十代を超えている読者や音声を聞いてくださった方にとっても、俺たちでも出来るんだって思ってもらえるということですよね？

浜田 もちろん！

三橋　そういう方が、「若い人と組んだらいいんだ！」と思われるかもしれませんね。

浜田　そう、若い人だからいいんですよ。

この中で、私がまとめ役としているわけですが、一応、歳はとってるじゃないですか。皆さんよりも長く生きてる分、成功したこともあるけれど、それ以上に失敗したこともいっぱいあるわけです。その経験の中で、これはＯＫだった、これはよくなかったというのはあります。

何をやるにしても、基本的に、誰でも過去の実績で計るわけなんですが、今、私がやりたいのはそうではないんです。今日を境にして、新しくこれからどう生きるか？というのを試してみたいんですよ。これは、五十歳からの私のチャレンジなんです。皆さんとコラボ出来るのは、最高の贅沢だと思ってます。

一歩を踏み出して行動していく

三橋　久永さん、セミナーに出て、それで満足して、また他のセミナーに出る人って多いですよね？

久永　多いですね。行動する方は、だいたい五パーセントと言われます。昨日もセミナーの最中に、ある提案をしたんですけれど、行動する方は、やはり同じ割合でした。なので、チームを作って実際に行動するフィールドが出来るということは、自分自身を試せるいい機会であり、自分自身の可能性を引き出していただけるフィールドが出来るということでもあると思うんですよね。

三橋　本多さん、恥ずかしがってないで、直接声をかけて、チームを組めばいいんですよね？

本多　そうです。私も、とあるパーティで唯一声をかけたのが浜田さんでした。勇気を持って、この人だ！っていう方に声をかけてみたら、けっこういい展開になってくることって、世の中、いっぱいあるんじゃないかと思うんですよね。勇気を持って、その一歩を踏み出したらいいんだなってすごく実感しています。

三橋　このメンバーって、会ってまだ一年たっていないですもんね。本多さんの中ではいろいろ変わりましたか？

本多　その間に会社を法人化して、会社が出来て、事務所も出来て、信頼する仲間が増えてきました。こんなふうに、ある一つのきっかけがあると人生が大きく変わっていくんだなぁ、と本当に実感しているんです。今、その真っ最中にいるので、人生が楽しくてしょうがないですね。

出版して変わったこと

三橋　今回、このメンバーで出版ということになりましたが、出版するとなると、また変わりますよね。

丸山　そうですね。私は去年初めて出版して、今年も何冊か出すんですけれど、やっぱり以前と比べると変わりましたね。

久永　私もかなり変わりました。おかげさまで、今は毎月のように出版出来るような状況になりまして、受身の自分から、攻めの自分になることが出来ています。本を出版出来ると、本を通していろいろなことを仕掛けていけるようになりますし、いろんな気づき、いろんな学びが出来ます。付き合う人種も変わってきますよね。

丸山　思考の幅が変わるっていう感じです。仕掛けるにしても、考える規模が変わりますよね。

久永　そうですね、違います。

あと、時間ですね。本を出版するということで、いつも常に一歩先のことを知りつつ、いかに半歩先の動きが出来るか？と、先々のことを考えるようになっています。

人を制するためには、先々のことを理解して仕掛けていかないと、後追いになっちゃいますので、その考える幅と時間の奥行きが変わってきます。

三橋　浜田さんも本をいっぱい出されていますけど、人生変わりますよね？

浜田　変わります。私がいつも言っているのは、「論より本」。本を出すと、それが名刺代わりになります。人と会ったら、「この人、どういう人かな？」って考えますけど、本があると、その人のことを詳しく語ってくれますからね。それから、本の著者だということが、一つのブランドになるわけです。それが、どんどんすごい人脈に広がっていくわけです。

三橋さんも東北放送のアナウンサーの仕事もされて、本も出されているわけじゃないですか。拡がりがあると思うんですけれど、どうですか？

三橋

「他の職業に比べてアナウンサーって本を出すのは簡単じゃない？」って言われがちなんですけれど、全然そんなことはなくて、キー局のごく一部の安住伸一郎さんとか、女性アナウンサーだと菊間さんとか、古館一郎さんとか福沢さんとかだと局アナのまま、本を出したりしていますが、地方局のアナウンサーが本を出すというのは、基本的になかったんです。

それが、たまたま編集者と出会って本を出すことが出来ました。それが非常に珍しいみたいで、ビジネス作家の仲間が出来たり、パーティに呼んでいただいたり、浜田さんとも知り合ったり、普通のアナウンサーではあり得ないような出会いが増えてきていて、本を出すと人生が変わるんだなと実感していますね。

すぐに形にしていく

本多　三橋さんは、どういったところで、今までの方との違いを作ってこられたんでしょうか。

三橋　ずうずうしいんじゃないんでしょうか。

みんな　（爆笑）

三橋　編集者の方とセミナーで知り合って、そのまま仲良くなって、意気投合して飲みにいって、そこで企画書を持っていたので見せて、じゃ、出しましょうっていう流れになりました。

本って、結局編集者と二人三脚ですから、その人と意気投合するほうが早いんですよね。企画書送りまくるよりも。

浜田 今回も出版っていうことで考えてる時に、三橋さんから聞いたんですけれど、まずは企画を紙に起こせっていうわけ。それがないと、始まらないというわけ。そうですよね？

三橋 そうです。たいていは「この話いいよね」って立ち話で終わるんですよね。僕の場合は、すぐに「じゃあ」と言って、会社の中でもそうなんですけれど、デスクに行って、A４一枚のワードに打ってプリントアウトして持っていく。「じゃ、これで」って言うと、「あぁ」ってみんなびっくりして、そこからそれをコピーして、みんなに回して動き出すんですよ。
立ち話を紙に書くだけなんですけれど、意外と皆さんしてないんですよね。
たとえば、「この企画、面白いよね」だけで終わらないで、セミナーが終わった後、話を紙におこして、いろんな人に渡すだけで変わっていくと思いますね。それがリアルに動くっていうことだと思います。久永さん、そうですよね。

久永　それが、三橋さんが普段から身につけている習慣なわけですよね。それを出版業界の人と、ご縁をいただいたが故に、出版出来たわけです。

浜田　今回でも、あっという間に本が出来ちゃった感じがしません？　一冊目の本を出すのに、二十年前はすごく時間がかかりました。本が出るまでに、半年以上かかりましたから。本を出すっていうのは、家を一軒建てるくらいのエネルギーがいりませんか？　それが瞬間に出来てしまうっていうのが、このチームのすごいところです。まずスタートして、そして計画をして、実行して見せるというのが、この音速チームのすばらしさだと思うんです。

三橋　浜田さんが声をかけたメンバーだけあって、やっぱり行動力が他の人と違いますね。
まず思うのが、連絡した後のレスポンスが並じゃないです。連絡を取っても、メールを流しても、あっという間に返事が来る。レスポンスが非常に早いという特徴があると思いますね。

浜田　それから、吉村さんが入ってくれたじゃないですか。これって、すごくいいと思うんです。たとえば、セミナーとかイベントって、祭りごとじゃないですか。お酒って絶対必要だと思うんですよ。それをテーマにしたイベントとか企画も出来るし、絡めていくと、日本の文化と海外っぽいネットとを融合させた感じで、面白いものが出来る感じがしますね。

三橋　飲食ってやっぱり、コミュニケーションをする上で大事ですよね。

吉村　飲食は、基本的についてまわるものですからね。不況だからといって、それがなくなることはないですよね。

本は百倍のインパクト

吉村　さっきの本の話ですが、本がこんな早く出来るとは全然思わなかったですね。いつの間にか「あ、出来ちゃった」って思いました。そこで、意識がジャンプしちゃうような感覚があります。終わってみたら、「出来ちゃった」という感じでした。

みんな　そうですよね。

三橋　本多さんは、文章を書いている時は、どうでしたか？

本多　書いている時は一心不乱に書いてるんですけれど、終わった時には、「あれ？　もう、終わっちゃった？」っていうのが、本音です。

三橋　これがまた、書店に並んだら違いますよ。

浜田　僕は初めて本を出した時は、まるで我が子のようだと思いましたね。

久永　処女作の時は、すごく愛おしくって、感動ですね。自分の本が手元に残り、なおかつ、いろんな書店に自分の分身が置かれているじゃないですか。それが、ひときわ感動です。忘れられないですよね。

三橋　出版すると、いろんなことが出来るということもありますし、これを読んだ読者の方にも、出版を考えて欲しいですよね。

浜田 活字っていうのは、勝手に仕事をしてくれるんですよ。見た人が、いろんな人が寄ってくる。「何か一緒にしませんか？」と寄ってくる感じだから、販促ツールとして最高じゃないですか？

ある出版プロデューサーが、「本は普通の媒体の百倍のインパクトがある」って言うんです。それと、ネットの力とを組み合わせたら、天下無敵になるって言ってました。ですから、これは大きなビジネスモデルになると思うんですよ。

三橋 これから、皆さんがチームを組んでいく上で、一人、出版に近づけるようなメンバーを入れておくと違うかもしれないですね。

久永 そうですね。出版のイメージが出来ますからね。ただ、出版したあとのビジネスモデルの構築までしないと、出版というのは生きてこないんです。ただただ、「本が出ましたよ」というだけではダメなんですよね。そこからどういう展開をするのか？ということが重要です。

売ることもそうですが、売ったあとどうするか？というのも大切です。

吉村　三橋さんがさっき言った、話で聞いたこと、面白いことは、Ａ４のワードにして出すっていうのと同じで、本を出版して、それを後につなげるというのも、結局これが大きくなっただけの話なんですね。

チームで広がる可能性

三橋　最後に、「チームを組むといいよ」というメッセージをお願いします。

久永　このチームは、チームを組む上でのモデルケースになると思うんですよね。成功事例も、失敗事例もどんどん出していこうと思います。チームを組む時の標準化が出来れば、読んでいただいた皆さま方がチームを組む上での注意点、鉄則というようなものが、出来てくると思うんですね。

チームを組むと、各ビジネスモデルやお仕事が加速して、タイトルにあるように音速化していきますから、ぜひ、これをモデルケースとして、それぞれで、同じようなビジネスモデルをつくっていただいて、地域の活性化、しいては日本の活性化に結び付けていければなと思っています。

丸山　基本的には、久永さんにほとんど言ってもらったんですけれど、もし、付け加えるとすれば、特に、異業種と組むということがポイントだと思います。また、我々の行動を見ていて、こうすればいいのか、とか、ここは足りないかもなというところを、見つけてもらってフィードバックしてもらったら面白いと思います。本当にモデルケースですし、実際やっている我々も今、一所懸命頑張ってやっているところなので、ぜひ一緒に楽しんでもらえればと思います。

本多　僕が最終的にやりたいことは、子どもたちの世代が、夢を持って明るく生きていけるような世の中にしていくことなんです。今は、ごく一部の人たちだけがよくて、残りのほとんどの人がよくないという世の中じゃないですか。でも、例えば自分に自信がないという人も、このケースを知ることによって、人の力を借りればいいんだっていうことを分かっていただくことで、いろんな人がどんどんよくなっていって、さらに子どもたちの世代がよくなっていけば、僕らがおじいちゃんおばあちゃんになった時も、明るい日本、明るい地球でいられるわけじゃないですか。自分の行動が、そういったところにまでつながっているんだなと意識しながら行動していって欲しいと思います。

吉村 発想とか、やりたいこととか、誰にでもあると思うんですけれど、こういうチームを作れば、それが具体化していくよっていうサマを見せたいのと、失敗にも正直でありたい。酒飲んでいれば、あとでぶっちゃけた話も出来ますし。(笑)

三橋 皆さん、本業をちゃんと持って他の人とチームを組むわけで、だから自分のやりたいことだけやればいいかなって思います。そういうことが出来るメンバーを四人、五人集めれば、いろんなことがストレスなく出来るかなと。そういう意味でチームを組むと、より楽しいことが起きるんじゃないかなと思います。

最後に締めとして浜田さん、メッセージお願いします。

浜田 一九九六年に、アトランタ・オリンピックがありましたよね。あの時にカール・ルイスの講演をハワイで聞いたんです。オリンピックで通算九個の金メダルを取ったカール・ルイスが、最後にこういうふうに言いました。

「今、自分の人生を振り返って、自分にとって何が大切なのか考えてみた。確かに目標を持って達成することも重要だけれども、それにチャレンジし続ける勇気を持つことが大切だと気づいた。私はたくさんのメダルを取ったけれども、皆さんの人生の中にもそれぞれの金メダルがあるはずです。それは仕事かもしれないし、プライベートかもしれない。その自分の大切なところで、メダルを取れるように頑張ってください」と。
我々のチームは、現在進行形だというところが面白いと思うんですよ。
過去はもう終わったことだから、今日をゼロ歳として、これからどう生きるか？
っていうことを考えて行動していけたら面白いと思うんです。

三橋　今日はお忙しい中、ありがとうございました。

みんな　ありがとうございました。（拍手）

〈あとがきにかえて〉

音速プロジェクトチーム（ソニック6）のこれから

浜田幸一

さて、ここまで読み進んでこられた読者のあなたは、ずいぶんユニークなメンバーだと思われたかもしれません。

最後に、

Ⅰ　なぜメンバーは六人なのか？

Ⅱ　どのようなことが、可能になるのか？

Ⅲ　どんな可能性があるのか？

この三つに分けて、私たちがこれからやりたいことについてお話しします。

Ⅰ　なぜメンバーは六人なのか？

メンバーを六人にしたのは、明確な理由があります。普通よくあるパターンは五人です。「五」というと、五人組、ペンタゴン（アメリカの国防省）、手足五本、五感……なんとなく安定感があります。役割分担が、かなり明確です。

それに対し、私のイメージは六人制のバレーボールです。サーブ権が移る時に、各選手が移動します。全員が守備と攻撃に参加します。（リベロ＝レシーブ専門の人は、守備のみですが……）

チームのメンバー全員が高い技術と、専門性を求められます。ある時はレシーブ。ある時はアタック。また、ある時にはトス。つまり、オールラウンドプレーヤーです。この音速プロジェクトチームのメンバーは、このバレーボールチームによく似ています。

スタート時点で、各個人が、すでに高いレベルの専門性を持っています。

さらに〝第六感〟。意外性があるメンバーです。

実は、かの有名なマーケッター神田昌典氏の『全脳思考』（ダイヤモンド社）という本の中に、次のような記述がありました。

以下、引用させて頂きます。


雑談になるが、私は様々な新規事業をクライアントとともに手掛けているうちに、何か新しい物事を始めるときに、自然に集う人数に注目してみたところ、六名であることが多いことに気づいた。そこで、あくまでも経験則にすぎず遊びのようなものであるが、「六人の法則」と呼んでいる。

たとえば著名な武術家は、当初、生徒を集める見込みはまったくない中で、道場と筆書きの看板だけを用意した。そしてひとり稽古を続けていると、ひとりふたりと訪れるようになり、最終的には六人が初期の入門者となった。


私は、この記述を読んで驚きました。偶然にも、ここにも〝六人〟という数があったのです。

さて、話を戻します。

このメンバーの特徴は、次の三つです。

＊文章が書ける（本が書ける）
＊個々に、すでに高い専門性がある
＊スピードが速い

まず〝文章が書ける〟ということですが、何か企画をする時には、紙に起こします。この、最初の作業は、簡単そうで案外難しいものです。自分の意見を、理路整然と紙に書ける能力は、力です。

よく、「私も本を書きたい」と言う人がいますが、話だけで終わる場合がほとんどです。私の経験から言って、本を一冊書くのに家を一軒建てるくらいのパワーが必要です。一冊の本に出来る原稿を書きあげるのには、最低三ヶ月かかります。

私たちのチームは、分担はしましたが、原稿自体は二週間で書き上げました。かなりのスピードです。企画が早いと、事業の実現も速くなります。

また、活字（本）は、大きな影響力を持ちます。

私の知り合いの出版プロデューサーが言いました。

「浜田さん、出版の影響力は、他の媒体の百倍あります！」

専門家が言うのですから、間違いありません。


二番目の特徴は、各メンバー全員が、すでに高度の専門職を、持っているということです。


私（浜田）は、コミュニケーションのプロです。

丸山さんは、ウェブのプロです。

三橋さんは、話のプロです。

本多さんは、イベントのプロです。

吉村さんは、お酒（祭事）のプロです。

久永さんは、癒やし（体の整体）のプロです。

六人のメンバー全員が、すでに自立しています。

チームを組むということでよくあるのが、異業種交流会等をきっかけにしたものです。

そこには、いろいろな人が参加していますし、皆さん、可能性を求めて参加していますから、話は盛り上がり、チームを組んで何かをやろうか、ということになるのですが、実はなかなか結果が出ません。

なぜか？

ほとんどの人が、優先順位が仕事が先だからです。

私の考えは、まず人間関係を作ることを優先します。

もし、ビジネスとして考えるのであれば、次のような流れが自然だと考えます。

①エンカウンター（出会い）
②相互理解（お互いのニーズを知る）
③提案・譲歩（発見）
④関係促進

このステップで行くと、無理がありません。

会ってすぐに仕事の話をするのは、会ったばかりの人に、いきなり「結婚してください！」と言うのに、似ています。

そのため、プロジェクトを始める段階で、仕事的にも、経済的にも自立していることは、大きな強みです。物事はある程度の余裕を持ってスタートした方が、良い結果が出ます。

今回、この本を出すプロジェクトに関しても、すでにメンバーの四人は、出版経験者です。さらに私を除く三人は、オンライン書店アマゾンの売上ランキングの一位、二位、三位を獲得しています。オリンピックに例えると、金、銀、銅のメダリストが三人もいるわけです。素晴らしい実績です。

他のメンバー　本多さん。吉村さんの味のある文章も魅力的です。

三つ目のポイントが、このメンバーの最大かつ最高の特徴である、〝すべてにおいて速い〟ということです。まさに音速チームです。

かの有名なアメリカの経済学者、ピーター・ドラッカーは、仕事の出来る人の三大原則を、次のように定義しています。

① 仕事は、速く

② 正確に（ミスなく）

③ 今、やるべきことをやる

時代の波に乗るには、スピードが決め手です。仕事が出来る人に共通していることは、作業が速いということです。要請されたことに対しての対応が速いのです。

さらに、状況に合わせて、電話、ＦＡＸ、メールなどを使い分けます。

この音速チームの対応は、ものすごく速いのです。その分、作業が迅速化されます。

また、どんなに仕事が速くても、ミスがあれば二度手間になります。書類などは、第三者にチェックしてもらうことにより、かなりの確率でミスを防ぐことが出来ます。そのために、私たちはメーリングリストを有効活用しています。

そして、〝すぐやる習慣を持つ〟ということが大切です。上手に段取りをして、さらに優先順位をつけて一気にやることです。チームであれば、役割分担の明確化が大切です。人間は、ダラダラするのが好きです（私もそうですが……）。一日をなんとなく過ごしています。そのため生産性が上がりません。結果、疲れだけが残ります。そうならないためにも、〝今、やるべきことをやる〟というのはとても大切なのです。

Ⅱ　どのようなことが、可能になるのか？

よく周りの方からは、〝このメンバーだと、何でも出来ますね！〟と言われます。結果的にそうなるかもしれません。が、現在は未知数です。

まず、今回手始めに出版をします。

その次に、チームで能力の棚卸しをします。つまり現状把握です。

そして、お互いに意見を交換します（相乗効果）。六人で話し合うことによりチームの方向性が出てくるはずです。

これだけのメンバーが揃ったのですから、相当のことが出来るはずです。

私のイメージとしては、イベント企画＋プロデュースといったところでしょうか。アーティストに例えて言えば、歌って踊れて海外にも通用するアーティスト。そんな感じです。

私としては、若者五人がやりたいことを全面的にサポートしてあげたいと考えています。

Ⅲ　どんな可能性があるか？

このチームの最大の特徴は、〝チームとしての実績が、まだ一つもない！〟ということです（もちろん、個人の実績は、多少ありますが……）。普通であれば、チームでの実績、体験談を基に、本を書いたりします。

読者の皆さんからも、

〝一体、あなたたちは何が出来るのですか？〟

という声が聞こえてきそうです。

座談会でもお話ししていますが、私たちがこれからやることは、まず二つあります。

①非常識を、常識に！

まず一つ目ですが、私たちは、今まで非常識だと言われていることを常識にします。

一例を挙げます。

まず、六人で今回出版をやります。その後、出版記念パーティをやります。

現在は百年に一度の大不況と言われていますが、私たちは、整理、淘汰の時代だと考えています。ですから、出版記念パーティを単なるパーティにはしません。実りあるものとします。

具体的には、

＊運営を、役割分担して、集客します。

＊内容を、実のあるものにします。

＊感動ある演出をします。

まず「集客」です。どんなにいい内容であっても、集客が出来なければ、意味がありません。集客力は力です。

私は、セミナーで企業の〝新規開拓〟についても指導しているのですが、企業にとって、新規開拓は必須です。なぜなら、それをしないと会社が潰れるからです。あるデータによると、一年に一割ずつお客様が減っていく、というのです。単純計算すると、十年後はお客様がゼロ、つまりいなくなるのです。ですから、新規開拓は企業の命綱と言えます。

ただここに問題があります。旧態依然のやり方では通用しないということです。現在の顧客マーケットは、売り手中心から、消費者（買い手）中心に劇的に変わっています。商品を見る目が、一段と厳しくなっています。本当にいい物、必要な物しか売れないのです。

その証拠に〝老舗〟と言われたところが、ドンドン縮小したり、廃業に追い込まれています。テレビでも、その様子がリアルタイムに報道されます。時代は、大きなうねりと共に、変わりつつあるのです。それも、世界レベルでの変化です。

今は、柔軟性と発想力が問われる時なのです。

パーティの内容に関しては、せっかく、お客様は時間とお金を出して来てくださるのですから、ゲスト、講演者も魅力のある人を、キャスティングします。普段、なかなか会うことができないような人も、お呼びする予定です。

〝九七・五パーセント〟

この数字は、東京ディズニーランドのリピート率です。すごい数字です。なぜ、こんなに高いリピート率が得られるのか。それは、ファンを作っているからなのです。そのファン作りのためには、感動が必須です。

感動は、世代を超えリピートへとつながります。リピート率アップ＝企業（個人も含む）の繁栄です。

これらのことは一見簡単そうに見えますが、なかなか出来ないのです。戦略（ゴール）と戦術（方法）が、明確になっていないケースが、ほとんどです。

そして、最終的に〝熱意〟がどれだけあるか？　これが一番重要で、これですべてが決まります！

私たちは、出版記念パーティを、今年（二〇〇九年）の八月二十九日に行ないます。

商売は、通常二月、八月は落ち込みます。しかも、月末だとすると……常識的には、ほとんどの人が敬遠します。私たちは、あえて挑戦します。

②常に、現在進行形で！（チャレンジ精神の気持ちを忘れない）

やることの二つ目として、私たちは〝今〟に目を向けます。

過去は終わりました。未来は来ていません。常にリアルタイムで活動します。つまり、過去の遺産では勝負しない！という意味です。

今後すべての活動状況&経過を、書籍、メール、ブログなどを通して読者の皆さんにお知らせします。

もちろん、上手くいかないこともあるかもしれません。それも含めて、正直にご報告します。皆さんからのコメント、フィードバックを基に、チャレンジを続けます。

さらに、バックエンドとして、皆様のご要望にお答え出来るような魅力的なコンテンツも同時に創っていきます。

私たち六人は、決して特別な能力を持っているわけではありません。有名でもありません。特別にマスコミなどで、取り上げられている人間でもありません。普通の人間です。

普通の人間が力を合わせると、どこまで出来るか？

それは、やってみないとわかりません。私たちにとっても、可能性は未知数です。

だからこそ、思い切ってチャレンジ出来ます！　失敗は、恐れていません。

〝人は、失敗から学び、成功から成長します！〟

一時的に失敗しても、きっと、何かの学び（教訓）があるはずです。その学びを活かして、どんどん次につなげていき、最終的には、自分たちのテレビ番組も持ちたいと考えています。映像を通して、皆さんと交流の場をもっと拡げたいと考えているのです。


チームを作った今、私の頭に浮かんでいる映像があります。

明治維新を迎え、日本国内が激動の嵐で荒れる中、敢然と岩倉具視使節団が、咸臨丸で苦難の末、太平洋を渡りました。乗っていたのは新生日本の未来を担う若者でした。平均年齢三十二歳です。その若い力で国を再生しました。素晴らしい日本の礎《いしずえ》を築いたのです。

私は、この国の未来を悲観していません。必ず世界のトップリーダーになる日が来る、と信じています。

今、国を変えていくのは、若い力です。やる気のある若者に夢を与えたい。そして、一緒になって素晴らしい国、日本を創りたいのです。これは私の長年の夢でした。

もう一度言います。必ず出来ます。あなたも力を貸してください。私たちと一緒に、夢を叶えましょう！　新しい新生日本のために。

音速成功プロジェクトチーム（ソニック6）の新しい旅立ち（チャレンジ）が、今始まります。


最後になりましたが、この本は、根気強く心を込めて編集してくださったエベイユ代表の亀岡亮介さんと、私たちのために、快く〝帯〟のメッセージを書いていただきましたエッセイストの大前伶子さんのお蔭で世に出ることが出来ました。

チームのメンバーを代表いたしまして、深く感謝の意を表します。本書を活用されることで、一人でも多くの人が音速で成功されることをお祈りしながら、ペンを置きます。

ありがとうございました。

【著者紹介】

〈三橋泰介〉（みつはし　たいすけ）

東北放送アナウンサー。学習院大学を卒業後、老舗百貨店に就職後、フリーアナウンサー、岩手朝日テレビアナウンサー、東北放送アナウンサーとなる。

テレビ朝日系列・アナウンスコンテスト実況部門全国一位、ＴＢＳ系列アナウンスコンテスト・ナレーション部門・全国二位。

スポーツアナウンサーとして楽天イーグルスの実況を担当し、情報番組のＭＣやナレーターもこなす。

トーク術について書いた、初の著書『話術！虎の穴』はオンライン書店アマゾン総合三位、話し方・プレゼン部門一位を獲得。

ビジネスマン向けの「話し方」についての講演・セミナーからアナウンサー養成のために大学生への指導などを幅広く行なっている。

著書：『話術！虎の穴』（源）

〈丸山純孝〉（まるやま すみたか）

ビジネスモデルを作成する際に、単独で存在しているだけではなかなか価値が生まれない状況において、集まる「場」を設定することで、かかわるプレイヤーすべてが価値を享受出来るような【仕組み】を作り出すことを得意とする。

個人的に執筆するビジネス書の書評メールマガジン「エンジニアがビジネス書を斬る！」は二〇〇四年の発行開始以来、好評のうちに発行を続け、現在では読者約三万名、書評メルマガとしては日本有数の規模を誇る。

メルマガをきっかけに生まれた著書『いつも目標達成している人の読書術』は発売即重版。オンライン書店アマゾンではB'zやジャニーズの嵐と競合するも総合一位を獲得。

一九七三年千葉県八千代市生まれ。京都在住。東京大学工学部卒、東京大学工学系大学院修了。

株式会社東芝にて研究開発エンジニアを経て二〇〇六年独立。

二〇〇八年現在、有限会社マグ広告ドットコム代表取締役を含め三社の経営にたずさわる。

丸山純孝 公式サイト　http://123maru.com/

著書：『いつも目標達成している人の読書術』（明日香出版社）

〈吉村謙太郎〉（よしむら　けんたろう）

瑞鷹株式会社 営業本部長

一九七二年十二月七日生まれ。熊本県出身。

熊本県老舗蔵元の五代目長男として生まれるが、大学卒業後は地元レストランバー立ち上げにかかわり、その後バー、クラブを転々とする。

二十五歳よりビル総合管理の仕事に携わり「建築物環境衛生管理技術者」取得。

三十歳を前に実家、「瑞鷹株式会社」へ戻る。

「酒類総合技術研究所」にて清酒製造・官能評価を学び、卒業後は、カナダ・北米・台湾・アジア諸国への清酒・焼酎の輸出を展開。また、自然米栽培による地元の米農家との米造りにもかかわっている。

日本地酒若手の会「酒林組《しゅりんぐみ》」会長。

日本の伝統文化を継承する傍ら、「出会いにより道は無限に広がる」の信念で、他業種との新しい清酒の展開を画策している。

とは言え、まだまだ駆け出しの酒飲みである。

〈本多弘樹〉（ほんだ ひろき）

株式会社グローバルワークス代表取締役。

一九七八年十二月生まれ。埼玉県さいたま市出身。立教大学経済学部卒業。

在学中は、テニスサークルの代表を務めるかたわら、競馬・麻雀・パチスロに熱心で二年留年。学費を稼ぐためにアルバイト先の雀荘チェーンの社員になり、店長として二店舗の運営をする。

二十三歳の時、雀荘チェーンの社長から夢から逆算して人生を生きるということを教えてもらったことがきっかけで、ダメ人間生活から一変。当時の平均勤務時間は月四五〇時間。目標である二十代での独立を目指すため、大学卒業と同時に退社。不動産セールスの世界で不動産のノウハウを叩き込む。

約五年間フルコミッションのセールスをし、経営コンサルティング会社を経験した後、二〇〇八年二月に独立。二〇〇九年五月、株式会社グローバルワークスを起ち上げる。

二〇〇八年四月から開催している交流会「縁人」では、毎回六〇人〜一〇〇人の経営者・士業・トップ営業マンなど多彩な人脈構築の場を提供している。

座右の銘は、「人は人で磨かれる」。

縁を大切にする社長として、日々チャレンジを続けている。

ＷＥＢサイト　http://engine-hylink.com

〈久永陽介〉（ひさなが　ようすけ）

鹿児島県出身。指圧、鍼灸、カイロプラクティック、柔道整復、整体の五つのライセンスを取得後、複数のサロン、治療院を経て一九九六年独立。リゾートホテル内も含め三十数店舗のサロンの開業実績を持つ。

オリンピック体操選手トレーナーとして選手の体をケアしていくことから編み出された「関節」を重視した骨格ストレッチ〝ジョイレッチ〟を開発。トップアスリートはもちろんのこと、骨格のゆがみによるさまざまな症状に悩む人たちにレクチャーし、マッサージ、リラクゼーション、エステ業界などに全国普及活動中。五千名へ携帯メルマガを毎日配信している。

㈶日本オリンピック強化委員会スタッフトレーナー。朝日生命体操クラブトレーナー。㈱オアシスグループ代表取締役 www.oasis-group.co.jp/。日本ジョイレッチ協会代表 http://www.joiretch.jp/。セラピストブランディングアドバイザー。

著書：『簡単！やせる！ゆがみがとれる！　3分ストレッチ』（幻冬舎）、『即効セラピー！骨格ストレッチ』（BABジャパン）、『DVDよくわかる！　骨格ストレッチ』（BABジャパン）、『愛されるセラピストの心得160』（BABジャパン）、『成功し続ける起業家はここが違う』（同文館出版）、『1日3分　骨格美やせストレッチ』（PHP研究所）など十一冊。

〈浜田幸一〉（はまだ こういち）

株式会社イン・フロンティア代表取締役。

日本プレゼンテーション協会認定マスタープレゼンター。

一九五七年、熊本県生まれ。日本大学理工学部建築学科卒業後、八年間、家業の建設業で会社経営と実務の経験を積む。二十七歳の時、コミュニケーションの専門家として有名な箱田忠昭氏の講演を聴き、感銘を受ける。その後上京し、箱田氏に師事。

以来二十年間で三千回以上の講演、研修をこなす。現在、全国の企業、団体で、主にプレゼンテーション（人前での話し方）、時間活用、ネゴシエーション（交渉力）のセミナーを展開。非常にわかりやすく、かつ身につくセミナーとして受講生から高い評価を得ている。また、ジャンルを超えた多種異才のネットワークを持つ。

趣味はライブ鑑賞、料理と食べ歩き、ジムでのフィットネス。

浜田幸一公式サイト　http://www.infrontier1.com/

著書：『僕は陽気な落第生』『願望実現』『クヨクヨするな　道は必ず開ける』『街で出合った言葉のダイヤモンド』『小さな会社の後継ぎ革命』（以上　日新報道）『Ｇｉｆｔ　ｆｏｒ　Ｙｏｕ……』（きこ書房）、『言葉の贈り物』（生活の友社）『超ラクラクスピーチ術』『超ラクラク時間活用術』（以上　海鳥社）

音速成功プロジェクトチーム（ソニック６）

2009年、新春の1月20日。

個性も職種もまったく異なった６人のメンバーが“運命の糸”に導かれて集まりました。

音速成功プロジェクトチーム（ソニック６）の誕生です。

高い専門性と意外性を持った異業種（コミュニケーション、ウェブ、話し、イベント、お酒、癒やし）の６人が集まりました。

チームの特徴は、すべてにおいて行動が速いということです。速いだけではない。ベクトル（方向性）が、常に未来志向なのです。

チームのモットーは“やってみなければ、わからない！”“やらなければ始まらない！”

WEBサイト　http://sonic6.biz/

音速成功～夢はチームで叶えろ～

2009年8月3日　初版発行

著者©　音速成功プロジェクトチーム
装　幀　安部慶子
発行者　亀岡亮介
発売元　星雲社
〒112-0012　東京都文京区大塚3-21-10
TEL 03-3947-1021　FAX 03-3947-1617
印刷・製本　モリモト印刷

発行所　Eveil エベイユ
〒336-0026　埼玉県さいたま市南区辻1-24-11
電話 048-877-0329 ／ FAX 048-839-8841

書籍コード　010201

ISBN978-4-434-13453-1　C0034

プレゼントを受け取ってください

この本は、音速プロジェクトチーム（ソニック６）の序章に過ぎません。そして、これからの我々の挑戦の世界への招待状でもあります。

まず、音速プロジェクトチームより、選ばれたあなたへのプレゼントがあります。そして、その後の軌跡が、最新情報として送られます。

下記ホームページからプレゼントをお受け取り下さい。
http://sonic6.biz/sc/
携帯の方は右記のＱＲコードより今すぐどうぞ！

あなたと、これからの歩みを共にしていけることを、
心より楽しみにしています。

我々の挑戦を楽しみにしていてください。
一緒に成功していきましょう。

(株)イン・フロンティア代表取締役　浜田幸一
東北放送アナウンサー　三橋泰介
(株)マグ広告ドットコム代表取締役　丸山純孝
瑞鷹株式会社営業本部長　吉村謙太郎
(株)グローバルワークス代表取締役　本多弘樹
(株)オアシスグループ代表取締役　久永陽介